KB218130

불자가 행해야 할 37가지 가르침

불자행 37송 강설

불자가 행해야 할 37가지 가르침

무착대사 지음・연용상사 강설・지엄 편역

운주사

머리말

법신불인 보호주 아미타불,
보신인 대비 관세음보살,
화신인 연화생 대사의
총합체인 덕을 갖춘 근본스승께 예경 올립니다.

法身勝者怙主無量光　법신승자호주무량광
報身大悲主者觀世音　보신대비주자관세음
化身蓮花生師父母尊　화신연화생사부모존
總集具德本師我禮敬　총집구덕본사아예경

『불자행 37송佛子行三十七頌』은 티벳불교 샤카파 법맥의 전승조사이신 무착대사께서 보살행의 핵심을 모아 정리한 37개의 게송문이다. 1,300년대 초반에 쓰인 이 글은 대승불자들이 당연히 실천해야 하는 보살행뿐만 아니라 해탈로 들어가는 데 가장 중요한 '수행차제'(수행의 단계)를 아름다운 비교와 비유로 노래한 게송으로서, 천년 가까운 시간이 흐른 지금도 불자들의 수행 나침반으로써 큰 울림을 주고 있는 명문장이다. 이 책은 이러한 『불자행 37송』을 중국 서부 사천성四川省 지역(동티벳 지방)에서 법을 펼치셨던 대성취자 연용상사(年龍上師, 남카랑빠) 린포체께서 2000년 9월에 사천성 써다현(色達縣) 연용사年龍寺에서 강설하셨던 것을, 중국과 티벳에서 20여 년 동안 수학과 수행을 하며 연용상사를 직접 모셨던 지엄 큰스님께서 편역하여 출판한 것이다.

한국 불교계에서는 그동안 무착대사의 『불자행 37송』이 티벳 원문 또는 영문 번역본을 기반으로 하여 '보살의 37가지 수행법' 등의 이름으로 많이 소개되어 왔으나, 게송의 깊은 뜻을 대大 선지식의 지혜로 직접 풀어 법문을 한 사례는 아직 알려진 바가 없어 아쉬운 점이 적지 않았다. 이러던 차에 생사해탈의 대자재를 이룬 큰 스승님이신 연용상사 린포체께서 지혜의 바다에서 우러나오는 금강의 말씀으로 모름지기 불자가 지녀야 할 서른일곱 가지 게송의 깊은 뜻을 설법해 주신 글을 만나니 참으로 그 의미가 크다 하겠다.

현세의 대성취자셨던 연용상사 린포체(1944~2011)께서는 티벳불교 닝마파 법맥의 전승조사이자 복장대사[1]이시고, 연화생 대사(빠드마 삼마바)의 진실화신이시며, 『대원만 수행요결』

의 역자譯者이신 지엄 큰스님의 대은大恩 근본스승이시다. 중국 사천성 써다현의 깊은 산속 해발 4,500미터에 위치한 연용사에서 평생 주석하시면서 수행과 중생교화에 헌신하셨던 상사 린포체께서는 매년 8개월 동안 무문관 수행을 지속하셨고, 일체 중생을 향한 무상 보리심을 실천하시면서 수많은 인연 있는 출가 및 재가 제자들을 해탈로 이끌어 주시다가 2011년 열반에 드신, 현세의 살아있는 부처님이라 불리었던 분이셨다. 특히 1995년부터 티벳인이 아닌 중국 및 다른 나라 신도들을 처음으로 제접하기 시작하여 이생에 즉신성불卽身成佛하는 금강승의 깊은 복장 수행법을 인연 있는 수많은 제자들에게 전수하시니, 이로써 이국의 제자들로 하여금 금강승의 그 현묘한 세계로 입문케 하신 은혜는 한량없다 할 것이다.

상사 린포체께서는 평생 『불자행 37송』의 중요성을 강조하시면서 제자들로 하여금 모든 수행의 근본으로 삼게 하시었

---

1   복장대사(伏藏大士, 떼르뙨tertön)는 떼르마(Dêrma, 伏藏)를 발견해 내어 전승하는 분을 일컫는데, 모두 연화생 대사의 핵심적인 제자들이다. 떼르마를 발견할 시점이 오면 그 제자는 환생還生을 하여 숨겨진 떼르마를 발견한다. 떼르뙨이 먼저 발견하게 되는 예언적인 지침에는 누가 언제 어디서 어떤 방법으로 떼르마를 숨기고 발견하는지, 누가 돕고 누가 그 가르침을 계승할지에 대해 기록되어 있다고 한다.

다. 특히 이 강설에서 상사 린포체께서는 금강승 수행차제 중 '공통의 외적 예비수행'(외가행外加行)의 모든 주요 내용과 '불공통不共通의 내적 예비수행'(내가행內加行) 중 귀의와 발보리심 부분에 대해 자세한 법문을 하신다. 그러기에 이 책은 단순히 『불자행 37송』에 대한 해설서가 아니라, 금강승에서 전하는 즉신성불의 해탈도를 성취하는 수행법의 핵심 정수를 설명하는 보전寶典이라고 할 수 있다. 그러므로 이 책을 여러 번 숙독하고 심식 깊이 반복하여 사유한다면 대자재한 스승님의 지혜와 복덕이 쌍운雙運하는 가피를 받아 해탈도로 들어가는 소중한 인연을 만날 것이라 확신한다.

　마지막으로 이 소중한 보전을 편역하여 주신 지엄 큰스님께 진심으로 머리 숙여 감사의 말씀을 올린다. 아울러 이 법문을 만난 모든 분들에게 정견正見이 생기고 하루빨리 보리가 증득되기를 발원하며, 역대 조사님들의 가피가 내리도록 기도 올린다.

불기 2561(2017)년 7월

상해 용화선원 거사회장 도혜 배拜

✻ 무착대사

무착대사[2]께서는 1295년 티베트 서부 샤카 지역에서 출생하셨다. 대사는 3세 때 어머니를 여의었는데, 자신을 돌보아주던 조모도 1년 후 돌아가셨다. 많은 대성취자들이 성장기에 어려움을 겪으며 자연스레 무상을 체득하여 해탈도 수행의 길에 들어섰던 것처럼 무착대사도 그리하셨다. 10세부터 14세까지 삼촌에게 의지해 교육을 받았고, 14세에 출가하여 29세에 비구계를 받았다. 그 후 샤카파 린포체들에게서 보살계를 받고 수많은 수승한 관정, 구전, 구결도 전수받았으며, 종파를 초월하여 많은 스승으로부터 대원만의 교법을 학습하고 실實수행의 선관을 지도받았다.

대사가 15세 때 승가대학에 재학하며 『대승아비달마집론』을 배울 시기에 변론이 있었는데, 어느 대덕이 묻기를 "경전에 이르길 '번뇌가 없는 가운데 고통이 있다(無煩惱的苦痛)'고 하

---

2   무착대사는 톡메 상뽀(무착현無著賢, 1295~1369) 린포체를 말한다. 샤
        카파의 가장 탁월한 수행자 중 한 분이며 관세음보살의 화신으로 받
        들어진다.

는데 이것은 무엇인가? 번뇌가 없는 것과 고통은 결코 공존할 수 없는 것인데 어찌 이런 말씀을 전하는가?"라고 하자, 그 어느 누구도 대답하지 못하였다. 이에 대사가 나서서 말씀하기를 "성문, 연각, 아라한은 번뇌는 없지만 생사의 근본까지는 아직 끊지 못해 업력의 지배를 받아 고통이 있기에 붓다께서 '번뇌 없는 고통'이라고 설하신 것입니다."라고 하였다. 이로 인해 대덕들의 칭찬을 받고, 인도 유식불교의 대가인 무착보살이 다시 환생하였다는 말씀을 듣고는 그 후 '무착無著'이란 명칭으로 불리게 되었다.

대사가 30세에 이르러 어느 사원에서 강백을 담당하며 몸소 자타상환自他相換[3]을 수행하고 있었을 때, 그 사원 입구에 이가 득실거리는 누더기 옷을 걸친 거지가 구걸을 하며 살고 있었다. 그를 불쌍히 여긴 대사가 밤마다 다른 사람들 몰래 거지에

---

3 자타상환自他相換: 통렌(티벳어: gtong len, 영어: Tonglen) 수행을 말한다. 통(gtong)은 '주다', 렌(len)은 '받다'라는 뜻으로서 '주고받기' 수행이라 할 수 있다. 적천보살寂天菩薩의 『입보살행론入菩薩行論』에 체계적으로 설명되어 있으며, 아티샤(Atisha, 阿底峽) 대사에 의해 티1벳에 들어와 티벳불교의 중요한 수행법으로 자리 잡았다. 이 수행은 다른 사람의 고통과 괴로움을 자신이 떠맡고, 자신의 행복과 안녕과 마음의 평화를 타인에게 주는 자비의 수행법이다.

게 먹을 것을 갖다 주었다. 어느 날 밤, 밖으로 나온 대사는 남몰래 구석에 숨어 있는 거지를 발견하였다. "그대는 왜 그렇게 자꾸 몰래 숨으려 하는가?"라고 대사가 묻자, "제가 입은 옷이 더럽고 불결해 다른 사람들이 반감을 갖고 싫어해서 피할 수밖에 없습니다."라고 답하였다. 이 말을 들은 대사는 큰 대비심이 일어나 자기 방으로 그를 데려와 음식을 주고 본인의 좋은 옷으로 바꿔 입혀주었다. 그리고 거지가 벗은 옷은 그대로 버리면 그 안에 가득 살고 있는 이들이 굶어죽을까 걱정되어 그 옷을 대사가 직접 입고 이에게 자신의 피를 빨아먹게 하였다.

그러다 거지의 옷을 입은 대사가 병이 나서 법문도 한동안 할 수 없었다. 이에 제자들이 대사께 "스승님처럼 존귀한 수행자께서 불결한 옷과 이 때문에 고통받는 것은 잘못된 일입니다. 부디 좋은 옷으로 바꿔 입고 건강을 빨리 되찾으십시오."라고 청하였다. 그러나 대사께서 대답하시기를 "나는 과거 수많은 생에서 어렵게 얻은 사람의 몸을 나의 이익을 위해서만 쓰는 등 하릴없이 낭비를 너무도 많이 하였다. 이제 이렇게 다시 어렵게 사람 몸을 받았으니 타인의 이익과 행복을 위해 내 신체와 생명을 모두 보시할 수 있다면 이보다 더 값어치 있는 일은 없을 것이다. 그러니 나는 이 옷에 있는 이들을 죽도록 내버려 둘 수가 없다."라고 하셨다. 그리고 17일 후 피를 배불리 먹던 이들이 모두 죽자, 대사는 이의 시체를 모두 사람과 똑같이 대하며 화장을 하고 천도재를 성대히 올려주었다.

대사는 또한 악연을 해탈도解脫道 수행의 기회로 바꾸는 수행을 멈추지 않았다. 한 번은 대사가 병이 나서 고통을 받자, 제자가 어떻게 치료를 해드리면 좋을지 물었다. 대사께서 대답하시길 "그저 삼보 앞에 발원하면 되는 것이니, '병 앓는 것이 중생에게 이익이 되면 제가 병에 걸리게 가피해 주시고, 죽는 것이 중생에게 이익이 되면 제가 죽도록 가피해 주시고, 건강한 것이 중생에 이익이 되면 제가 건강하도록 가피해 주소서.'라고 기도할 뿐이다. 이렇듯 악한 인연을 중생의 이익을 위해 회향하여 수행의 묘용으로 삼는 것 이외에 다른 치료법은 필요치 않다."라고 하시니, 불자행의 게송 내용 그대로 평생 실천하신 것이다.

시간이 흘러 대사께서 열반에 드시려 할 때, 한 제자가 어느 정토로 가시는지 여쭈었다. 대사께서 답하시길 "예전에 까담파 스승들께서 지옥에 태어나 지옥중생을 구제하기를 발원하신 것처럼, 지옥으로 가더라도 그것이 타인에게 이로움이 된다면 나는 기필코 지옥에 날 것이고, 정토로 가더라도 타인에게 이로움이 못 된다면 나는 결단코 정토에 가지 않을 것이다. 내 비록 법력이 미력하여 마음대로 내생을 결정할 수는 없으나, 나는 오직 중생을 이롭게 하는 곳에 태어나기를 발원할 뿐이다."라고 하시었다.

대사께서는 일평생 신구의身口意 삼문을 자신을 위하는 일에는 전혀 사용하지 않으시고 오직 일체 중생들의 행복을 위해서만 수승한 언행을 행하시었으며, 진정한 불자행의 모범을 몸소 보이시고 다생다겁에 걸쳐 쌓으신 광대한 복덕을 중생을 위해 회향하시고는, 1369년 세수 75세로 열반에 드셨다.

불자행 37송 (우리말)

샤카 · 무착대사 지음

나모로거수라야! (정례관세음보살!)

제법은 오고 가는 것이 없다는 것을 모두 깨달으시고
오직 중생들을 이롭게 하기 위해 부지런히 교화하시니
존귀한 근본스승님과 보호주이신 관세음보살님께
신구의 삼문으로 예경합니다.

세간 이익과 출세간 안락의 근원인 원만한 깨달음은
정법을 행함으로써 성취하신 것이며
통달한 지혜에 의지하여 행을 실천하는 것이니
지금부터 보살의 수행법에 대해 말하고자 합니다.

가만난득의 큰 배를 얻었으니

나와 남을 윤회바다에서 벗어나도록 인도하고자
밤낮으로 게으름 없이
법을 듣고 사유하고 수행하는 것이 불자행이라네.

가족과 친구에게 탐하는 집착이 샘물처럼 솟아오르고
원수와 적에 대한 원한은 불꽃처럼 치솟으니
인과를 판단할 지혜가 없고 어리석음에 마음이 어두운 중생들은
고향을 멀리 떠나는 것이 불자행이라네.

나쁜 환경을 벗어나면 번뇌가 가벼워지고
게으름이 없으면 선행이 자연히 늘어나며
마음이 맑으면 법에 대한 결정적인 믿음이 생기게 되니
고요한 곳에 의지하는 것이 불자행이라네.

항상 같이 살던 친지들과 헤어지고
고생하여 모아둔 재물도 남겨두고
애착하던 몸에서도 마침내 심식이라는 손님이 떠나는 것이니
금생을 탐착하는 생각을 버리는 것이 불자행이라네.

악한 벗을 멀리 여의면 선행이 늘어나므로

마땅히 이 문제를 이치에 맞게 생각해야 하나니
그와 벗하면 업이 늘고 듣고 수행하는 공덕을 잃게 되며
자비심이 없어지게 되므로 나쁜 벗을 여읨이 불자행이라네.

어떤 분을 의지하면 죄업이 소멸되고
공덕이 상현달 차오르듯 늘어나니
그런 스승님을 자신의 몸보다 훨씬 더
소중히 받드는 것이 불자행이라네.

자신도 윤회의 굴레에 구속된
세간 신이 능히 그 누구를 구해낼 수 있으리.
그러므로 고귀한 의지대상인 삼보께
진실로 귀의함이 불자행이라네.

붓다께서 매우 참기 어려운 악도의 고통은
악업의 결과라고 말씀하셨나니
그러므로 목숨을 버릴지언정 악업은
영원히 짓지 않는 것이 불자행이라네.

삼유의 안락은 풀끝의 이슬과 같아

본래 순간에 소멸하는 법이니
영원히 변치 않는 해탈과를 증득하고자
지성으로 정진함이 불자행이라네.

무시이래로 자비하신 부모중생이 고통당하는데
자기의 안락이 무슨 소용인가.
이같이 한량없는 중생을 제도하고자
보리심을 발휘함이 불자행이라네.

모든 고통은 아집에서 생기고
원만한 큰 깨달음은 보리심 때문이니
자신의 공덕을 타인의 불행과
경건하게 바꾸는 것이 불자행이라네.

만약 어떤 사람이 탐욕심으로
나의 재산을 빼앗거나 남을 시켜 뺏어도
몸과 재물 등 삼세 선근을
마땅히 그에게 회향함이 불자행이라네.

비록 자신에게 작은 잘못도 없을지라도

적이 내 머리를 베어내려고 하면
대비의 힘에 의지해 그의 모든 죄를
자기가 대신 받는 것이 불자행이라네.

만약 어떤 사람이 자신을 비방하여
삼천세계에 알려도
마땅히 자비의 힘으로써
그의 공덕을 말해 주는 것이 불자행이라네.

상대방이 사람들에게
자기의 과실을 나쁜 말로 알리면
진실로 그를 선지식으로 여겨
공경하여 예 올리는 것이 불자행이라네.

친자식같이 보호해 준 사람이
자신을 적으로 삼아 대하여도
모친이 병든 자식 돌보듯
그를 자비심으로 대하는 것이 불자행이라네.

자기와 동등하거나 자기보다 아랫사람이

아만으로 자신을 업신여겨도
스승같이 정수리에 모시고
공경하는 것이 불자행이라네.

가난하여 남에게 멸시당하고
병고와 마장을 자주 만나도
중생의 이와 같은 고통을 대신 받는다고 생각하여
조금도 두려워하지 않는 것이 불자행이라네.

널리 이름이 알려져 많은 사람이 존경하고
재물 복이 비사문과 같이 많아도
세상의 풍족한 것은 견고한 것이 못되니
교만하지 않는 것이 불자행이라네.

자신의 탐진치를 항복시키지 못하면
외부의 적을 조복해도 원한은 늘어만 가니
자애와 연민의 힘으로
자기의 업을 항복시키는 것이 불자행이라네.

애욕의 습성은 소금물 같아

쓰면 쓸수록 갈증을 더하므로
애착을 일으키는 모든 물품 등을
마땅히 버리는 것이 불자행이라네.

일체 현상은 자기 마음에서 생기고
마음의 체성은 희론을 여읜 것이므로
현상은 주관과 객관을 집착한 것으로 알아
분별심을 내지 않는 것이 불자행이라네.

만일 맘에 들고 애착하는 대상을 만나도
여름날의 무지개 같이
아름다우나 진실이 아닌 것으로 보고
탐착을 버리는 것이 불자행이라네.

여러 고통이 꿈속에서 자식 잃음과 같은데
환의 경계를 실제인 줄 알아 고생하나니
장애의 인연을 만났을 때
미혹의 환영으로 보는 것이 불자행이라네.

대각을 증득하기 위해 목숨도 바치는데

몸 외의 물품이 무슨 소용인가?
금생과 내생의 과보를 바라지 않고
보시를 행함이 불자행이라네.

계율 없이는 자기의 해탈도 얻지 못하고
중생 제도는 더욱 비웃음을 받을 일이니
마땅히 세간 일을 추구함을 멈추고
계율을 수호함이 불자행이라네.

선한 과보를 얻기를 바라는 불자들은
자기를 해치는 자를 보배로 여기니
그들을 미워하는 마음 없이
인욕을 수행하는 것이 불자행이라네.

자기 해탈을 구하는 성문 연각도
머리에 불 끄듯이 정진을 하는데
일체 중생을 구하기 위해 정진하면 공덕이 생기나니
마땅히 부지런히 수행하는 것이 불자행이라네.

적정한 지止와 수승한 관觀의 힘을 의지하면

번뇌 경계를 능히 부숴낼 수 있으니
이것을 잘 알아 진실로 4무색정을 초월하고자
수행하는 것이 불자행이라네.

반야지혜가 없이 오바라밀만으로는
원만보리를 성취하지 못하나니
마땅히 방편을 갖춘 삼륜 무분별의
지혜로 수행함이 불자행이라네.

자신의 번뇌를 잘 관찰하지 않으면
수행자의 위의를 저버리거나 법답지 않게 행동하게 되나니
항시 자기의 번뇌를 잘 관찰하여
모두 끊어버리는 것이 불자행이라네.

자기 번뇌습기로 인해
대승불자의 허물을 말한다면 결국 자기 손해이니
대승보살의 과실을
말하지 않는 것이 불자행이라네.

이익을 얻기 위해 지인과 다투면

문사수의 공덕이 다 사라지나니
모든 권속(친지)과 시주에 대해
탐욕을 끊는 것이 불자행이라네.

거친 말은 남의 마음을 상하게 하고
불자의 위의를 훼손하나니
남이 싫어하는 험악한 말은
모두 끊어버림이 불자행이라네.

무명의 습기는 다스리기 어려우니
정념과 정지를 보살의 대치방편으로 삼아
탐욕심 등 번뇌가 일어나면
바로 즉시 제거하는 것이 불자행이라네.

요약하건대 어떤 모습으로 무슨 일을 하든
항상 자기 마음을 어떻게 쓸 것인지 잘 생각하고
바른 알아차림과 바른 생각을 갖추어
남을 이롭게 판단하고 행동하는 것이 불자행이라네.

이같이 정진하여 이룬 선업들을

많은 중생의 고통을 제거하기 위해
삼륜이 청정한 반야지혜에 의지하여
큰 깨달음에 회향하는 것이 불자행이라네.

일체 경전, 속부, 논장의 뜻
그리고 일체 조사의 말씀을 좇아서
보살도를 배우는 이들을 위하여
불자행 37송을 지었습니다.

지혜가 얕고 배운 바가 넓지 못하여
지혜로운 이들이 좋아할 시문을 짓지 못하였지만
경론과 선지식이 설하심에 의지하여 지은
불자행 37송은 그릇됨이 없다고 생각합니다.

광대한 불자행은
나같이 지혜가 적은 사람이 헤아리기 어려우니
정법과 다르게 잘못 해석한 것이 있다면
일체 보살께서 용서해 주시길 빕니다.

이로 인하여 생긴 선업으로

중생이 수승하고 묘한 진제와 속제를 의지해
공空과 유有의 양변에 머물지 않는
보호주 관음보살과 같아지기를 발원합니다.

불자행 37송 강설

샤캬파 무착대사(薩迦·無著大師) 게송
연용상사 린포체(年龍上師父母仁波切) 강설[4]
쟈나쟈뤄(毗盧阿貝迦那伽羅) 중국어 번역

먼저 허공보다 많은 부모중생이 금생에 구경정각을 얻을 수
있도록 무상보리심을 발합니다.

본 강설은 서론, 본론, 결론으로 구분합니다. 서론은 제목의
뜻을 설명하고, 본론은 게송을 해설하며, 결론은 회향으로 마
무리합니다.

1. 서론

서론은 제목인 『불자행 37송』에 대한 설명이다.

---

[4] 이 강설은 2000년 9월에 사천성 써다현 연용사에서 연용상사께서
강의하신 것이다.

'불자행佛子行'의 뜻은 어떤 것인가? '불佛'은 곧 우리의 비할 바 없이 높으신 능인能仁, 정변지正遍知, 정등각正等覺[5]이신 석가모니불이시다. '자子'는 석가모니불의 제자를 일컫는데, 일반적으로 몸의 제자, 언어의 제자, 뜻의 제자 등 3종류의 제자가 있다. 몸의 제자는 라후라, 언어의 제자는 성문과 아라한을 말하며, 뜻의 제자는 일체 보리살타 성중을 가리킨다. 세 부류의 제자 중 가장 수승한 제자는 보리살타이다.

이러한 부처님 제자들이 '어떠한 행위'에 의지하여 원만한 깨달음의 구경각을 얻게 되는가? 이것이 곧 '불자행'이라 일컫는 뜻이며, 무착대사께서 불자행을 총괄하여 37가지로 게송을 만들어 모든 사람에게 전수해 준 것이 곧 『불자행 37송』이다.

2. 예경과 서원

본론의 첫째 부분에서는 예경과 서원을 말하고 있고, 둘째 부분에서는 37송의 내용을 설하고 있다. 이에 지금부터 예경과 서원을 세운 부분에 대해서 설명하고자 한다.

---

5 능인能仁은 능히 인仁을 행하는 사람이라는 뜻이고, '정변지正遍知'는 바르고 원만하게 깨달았다는 뜻이며, '정등각正等覺'은 바르고 평등한 깨달음을 의미한다.

1) 스승님과 관세음보살께 예를 올림

那謨洛格瀟羅雅　나모로거수라야!
頂禮観世音菩薩　정례관세음보살!

'나모로거수라야'는 관세음보살님께 예경을 올리는 말이다. 관세음보살은 일체 제불의 대비심 그 자체이며, 또한 일체 대비심으로부터 나온 성자의 형상을 가리킨다. 만약 불법을 수행하는 중에 능히 대비심을 일으킬 수 있다면 이는 당연히 가피가 있었기에 가능한 일이다. 이렇기에 수승한 본존인 관세음보살님 앞에 정례함으로써 본 논송을 수행하는 데서 오는 장애를 능히 제거하고 가피와 깨달음을 얻을 수 있다.

제법은 오고 가는 것이 없다는 것을 모두 깨달으시고
오직 중생들을 이롭게 하기 위해 부지런히 교화하시니
존귀한 근본스승님과 보호주이신 관세음보살님께
신구의 삼문으로 예경합니다.

誰能洞見諸法無來去　수능동견제법무래거
又能惟於利生作勤勇　우능유어리생작근용

殊勝師及怙主觀音前 수승사급호주관음전
恒以三門恭敬作頂禮 항이삼문공경작정례

　제법諸法이란 일체 모든 법을 말하며, 제법의 자성은 불래不
來·불거不去, 불일不一·불이不異, 불상不常·부단不斷, 불생不生·
불멸不滅의 8가지 변경의 희론을 여읜 것이다. 이것은 관세음
보살님 등 일체 불보살의 내면으로부터 증득한 지혜와 같으
며, 이러한 무분별의 지혜로 능히 일체 제법이 8가지 변경의
희론을 여읜 것을 밝게 보아 본래 청정한 자성이 모두 분명히
드러나게 한다.

　비록 보살은 능히 이와 같이 일체 제법의 실상을 보시나, 오
직 대비심에 의지하여 일체 환幻과 같은 중생을 제도하기 위해
용맹심을 일으키는 것이며, 이렇게 일체 중생을 이롭게 하기
에 갖가지 대비심을 발휘하여 다양한 모습으로 세상에 나투신
다. 그러기에 근본스승님과 대비심의 본체인 관세음보살님께
예배 올리며, 삼문三門을 통하여 '몸' 공경으로 합장하여 정례
하고, '말' 공경으로 기도송을 염송하며, '마음' 공경으로 보살
의 모습을 관상하며 쉴 틈 없이 공경하고 예배하는 것이다.

2) 논을 짓는 서원을 세움

세간 이익과 출세간 안락의 근원인 원만한 깨달음은
정법을 행함으로써 성취하신 것이며
통달한 지혜에 의지하여 행을 실천하는 것이니
지금부터 보살의 수행법에 대해 말하고자 합니다.

利樂生處圓滿大覺等　이락생처원만대각등
悉因修行正法乃出生　실인수행정법내출생
彼亦仰仗通達已應行　피역앙장통달이응행
今當明示一切佛子行　금당명시일체불자행

세간의 '이익'은 찰나에 불과한 금생의 이로움을 가리키며,
구경(출세간)의 '안락'은 궁극의 해탈에서 오는 안락을 말한다.
이것들은 일체 제불 지혜의 원만한 깨달음을 성취하는 것에서
생기며, 일체 아뇩다라샴막샴보리의 불과를 얻은 성자는 이러
한 경지를 성취한 것이다. 이러한 경지를 성취하게 된 것은 무
슨 원인인가? 제불보살님은 모두 이치에 맞게 자량도資糧道를
수행하셨고, 무학도無學道를 수행하셨기 때문이다. 처음에는
복덕자량과 지혜자량을 모으고, 그 후에 일체 업장을 참회하

여 업장을 청정히 하고, 복덕과 지혜자량을 원만하게 이루어 바로 구경성불을 성취한 것이다.

그러면 제불보살님들은 어떻게 정법에 의지하여 수행하셨는가? 불보살님이 행하신 것은 먼저 대비심을 근본 삼아 보리심을 실행하신 것이며, 그 가운데 두 가지 자량을 수행하여 훈습한 바 이를 근본자량이라고 하는데, 바로 방편자량과 지혜자량을 말한다. 방편자량은 육바라밀 중 앞의 5바라밀을 가리키는 것으로, 보시, 지계, 인욕, 정진, 선정바라밀의 다섯 가지를 말하며, '인연함이 있는(有緣) 자량'이라 한다. 한편 지혜자량은 '인연함이 없는(無所緣) 자량'이라 일컬어지며 지혜바라밀다를 말한다. 방편자량과 지혜자량 이 두 가지가 구경원만을 성취하는 자량 수행이 된다.

모든 부처님이 이같이 수행했으며 우리도 지금 대승도에 들어와 불법을 수행하고 있으니, 금생의 무상대각을 성취하고자 하는 모든 불자들을 어떻게 구경에 성불할 수 있게 할 것인가? 이는 당연히 일체 모든 부처님과 성자들이 수행하신 길을 비춰보아 그 뒤를 따라서 수행해 가게 하면 된다.

모든 사람들로 하여금 능히 어떻게 수행해야 하는지를 알게 하기 위하여 무착대사께서는 경론과 밀법密法의 해석에 의지해서 붓다의 교증敎證과 이증理證을 결합한 방식으로 게송을

지어 이를 모든 수행자에게 널리 밝히셨다. 이에 게송을 짓는
서원을 세우신 이유를 설한 것이다.

3. 불자행 37송

수행하기 좋은 조건을 얻음

가만난득의 큰 배를 얻었으니
나와 남을 윤회바다에서 벗어나도록 인도하고자
밤낮으로 게으름 없이
법을 듣고 사유하고 수행하는 것이 불자행이라네.

獲此難得暇滿大舟時 획차난득가만대주시
爲度自他出離輪回海 위도자타출리윤회해
故而當於晝夜不散漫 고이당어주야불산만
聞思修行是爲佛子行 문사수행시위불자행

'가만난득暇滿難得'이란 '여덟 가지 원만한 여유가 있음'인 8유가八有暇와 '열 가지를 구족함'인 10원만十圓滿을 획득하는 것이 어려운 일임을 뜻한다.[6] 8유가는 ①지옥에 나지 않음, ②

아귀로 나지 않음, ③축생으로 태어나지 않음, ④장수천長壽天
에 나지 않음, ⑤변두리 지역(불법이 존재하지 않는 곳)에 태어
나지 않음, ⑥몸이 불완전하지 않음, ⑦삿된 견해를 견지하지
않음, ⑧붓다가 세상에 나오지 않은 어두운 시기에 태어나지
않음 등을 말한다. 이렇듯 여덟 가지 수행하기 어려운 곳에 태
어나지 않은 것이 8유가를 얻은 것이다.

10원만을 얻었다 함은, 열 가지 불법을 수행하는 순조로움
을 획득한 것을 의미하는데, 이에는 자기 내면(자체)의 5가지
원만함을 갖춘 것과 바깥 세계(타인)의 5가지 원만함을 갖춘
것이 있다. 다섯 가지 자체 원만은 ①의지한 것이 원만함, 곧
사람의 몸으로 태어남, ②환경이 원만함, 곧 불교의 정법이 존
재하는 불법중토에 태어남, ③오근의 덕이 원만함, ④뜻하고

---

6   가만暇滿이란 여덟 가지 여유 없음에서 멀리 떠나고(遠離八無暇) 열
가지 원만함(十圓滿)을 구족함으로써 불법을 배우는 데 있어 좋은 인
연(善緣)의 조건을 갖춤을 말한다. '가만'에서 가暇는 '한가함'·'여유
가 있음'·'자유로움' 등의 뜻이고, 만滿은 '원만함'의 뜻이다. 즉 불법
을 수행함에 있어 자신의 내부적 조건과 외부적 환경, 스승 등의 조
건을 원만하게 갖춘 것을 가리킨다. 가만난득(暇滿難得: 가만을 얻기
어려움)은 특히 닝마파의 '대원만 수행'에서 6가지 '공통의 외적 예비
수행'의 첫 번째 수행으로 삼고 있다.(직메 최기왕뽀 저, 수다지 캔뽀 한
역, 지엄 편역, 『대원만수행요결』, 운주사, 2013, 63쪽 참조).

즐기는 것이 원만함, ⑤신심이 원만함 등을 말한다. 그리고 다섯 가지 타인 원만은 ①여래 출세出世, ②불타 설법, ③불법 주세住世, ④자신이 성스런 가르침으로 들어감, ⑤스승의 받아들임(선지식의 섭수) 등을 뜻한다.

이러한 18가지 수행하기 좋은 여건을 갖춘 것은 비유컨대 윤회의 바다를 벗어날 수 있는 큰 배를 얻은 것이다. 비유, 수량, 인연 등 3가지 측면에서 사유하면 18가지 수행하기 좋은 여건은 매우 얻기 어려운 것이며, 이를 얻게 된다면 큰 이익을 갖춘 것이 된다.

지금 우리가 해탈도를 수행하고 정변지의 불과를 얻고자 할 때, 자유로움과 각종 원만한 인연을 구족하고 매우 얻기 어려운 수행하기 좋은 사람 몸을 얻었으며, 만나기 어려운 부처님 교법을 듣고, 친견하기 어려운 근본스승을 만났다. 이에 더하여 얻기 어려운 귀중한 가르침을 받았으니, 지금같이 원만한 몸을 얻고서 이런러한 수행하기 좋은 여건을 허비해서는 안된다.

허공에 가득한 일체 중생으로 하여금 해탈을 얻어 불과를 성취케 하기 위하여 우리는 조금도 게으름 없이 모든 시간과 정력을 불법을 수행하는 것에 두어야 하며, 온전히 스승님의 가르침에 의지하여 4가지 방식으로 자기 마음의 상태를 관찰해야 한다. 4가지 관찰의 이치는 곧 듣고 생각하는 이치, 수행하는 이치, 방편을 의지하여 수행하는 이치, 법성의 바른 이치이다. 선지식이 말씀하시길, 불법의 뜻을 관찰함에 있어서 자기가 들은 것에만 의지해 조금 이해한 것으로는 충분하지 못하니, 반드시 사유하고 수행하면서 조금도 산만함이 없이 행해야 한다고 하셨다. 성천보살(聖天菩薩: 提婆, Āryadeva)께서는 "수행하기 좋은 사람의 몸을 얻는 것은 매우 어려운 일이며, 이를 얻은 뒤에도 헛되이 세월을 소비한다면 이는 매우 애석한 일이다. 미래에 이렇듯 수행하기 좋은 사람 몸을 다시 얻기는 매우 어렵기 때문이다."라고 하신 바 있다.

8유가의 사람 몸은 반복해서 얻지 못하는 것이므로 헛되이 자기의 인생을 허비해서는 안 된다. 사람 몸을 얻었어도 이같이 수행하기 좋은 여건을 갖추기는 더 어렵고, 사람 몸을 받아 진정한 불법을 만나기는 더욱 어려우며, 근본스승 만나기는 더더욱 어려우며, 근본스승을 만났을 때 훌륭한 가르침을 얻기는 진정으로 어렵다는 것을 잊지 말아야 한다. 성천보살이 말씀하시길 "수행하기 좋은 사람 몸을 얻은 것은 고통의 바다에서 큰 배를 얻은 것과 같으니, 큰 배를 얻고서는 마땅히 고해를 건너야 의미가 있는 것이며, 이 기회에 반드시 정변지의 불과를 얻어야 한다."라고 하셨다. 또한 아띠샤 존자[7]께서 말씀하시길 "수행하기 좋은 사람 몸을 얻기 어렵다는 것을 꾸준히 관찰하여야 하며, 수행하기 좋은 사람 몸을 귀중히 여겨야 한다." 라고 하셨다.

수행하기 좋은 사람 몸을 얻은 후에 자신이 이러한 몸을 얻었다고 그저 만족하는 것만으로는 충분하지 못하며, 수량과 비유로 관찰하여 그것이 얼마나 얻기 어려운 것인가를 이해하여야 하고, 얻기도 매우 어렵지만 또한 매우 빠르게 잃어버리게 된다는 것을 잘 알아야 한다. 이렇게 귀하게 여기는 것은 미녀의 아름다운 머리카락에 불이 붙어 자기가 금방 죽을 것처럼 긴박하게 생각하는 경우나, 방안에 독사가 있어 급히 벗어나고자 하는 것과 같다. 미녀의 머리에 불이 붙으면 잠시도 기다릴 틈도 없이 빨리 꺼야 하며, 방안에 독사가 들어오면 앉아서 바라볼 여유가 없으니 빨리 피해야 한다. 이처럼 우리는 해탈도를 빨리 수행하되 뒤로 미루지 말며, 일분일초의 시간도 절대 낭비하지 말고 우리가 수행하기 좋은 몸을 얻고 공덕이 원만한 스승님을 만났을 때 신속히 수행해야 한다. 적천보살[8]께서도 "우리가 얻기 어려운, 원만히 수행할 수 있는 사람 몸을 얻었을 때 반드시 의미 있게 수행해야 한다."라고 말씀하신 바 있다.

수행하기 좋은 사람 몸을 얻고도 수행하지 않는 것은 매우 애석한 일이다. 이는 여의보如意寶를 얻고서도 그것을 돌덩이로 알아 여의보의 가치를 얻지 못함과 같다. 그러기에 무착대사(톡메상뽀 린포체)께서는 이 게송을 설하시면서 "수행하기 좋은 사람 몸을 얻었을 때 신중히 생각하여 게으르지 말고 수행하여 의미 있는 인생을 얻어야 한다."고 하신 것이다.

자기가 자신의 양심을 속일 수 없듯이 남이 칭찬함에 기뻐할 것도 없으며, 남이 비난함에 기분 나빠할 것도 없고, 스스로

---

8   적천보살(寂天菩薩, Śāntideva, 685~763): 인도의 왕자로 태어나 어려서부터 삼보를 공경했으며, 자비심이 많았고 보시하기를 좋아했다. 보살은 부왕父王이 죽은 뒤 왕위를 계승하기 전날 밤 꿈에 문수보살의 계시를 받고 출가의 큰 인연이 있음을 깨달아, 나란타사에 가서 승천勝天을 은사로 출가하여 적천(寂天, 샨티데바)이라는 법명을 받았다. 적천은 문수보살의 화신으로 존경받았으며, 여러 저서 가운데 『입보살행론入菩薩行論』이 유명하다.

가 진실하게 수행하는 것이 수행하기 좋은 사람 몸을 얻었을
때 의미 있는 인생을 만드는 것이 된다.

탐진치의 인연이 되는 고향을 떠남

가족과 친구에게 탐하는 집착이 샘물처럼 솟아오르고
원수와 적에 대한 원한은 불꽃처럼 치솟으니
인과를 판단할 지혜가 없고 어리석음에 마음이 어두운 중생들은
고향을 멀리 떠나는 것이 불자행이라네.

於親友方貪心如水湧　어친우방탐심여수용
對敵怨方嗔恨似火熾　대적원방진한사화치
忘失取舍愚癡昏暗衆　망실취사우치혼암중
遠離家鄉是爲佛子行　원리가향시위불자행

부모나 가족, 가까운 친구들은 가장 쉽게 강렬한 집착심이
일어나게 하는 존재들이다. 그들에 대한 탐욕심이 일어날 때
는 홍수처럼 밀려와 그것을 막기 어렵다. 지난날 자신이 비록
정지正知와 정념正念으로 자신의 마음을 조복했어도, 고향에

대하여 미련을 둘 때는 그 탐심이 매우 치성하기 때문에 자기 자신을 스스로 제어하기 어렵게 되며, 이로 인해 자기 마음이 무의미한 세상 법에 산란되어 동요하게 된다.

자신의 고향을 대면하면 쉽게 도에 장애가 생기고, 자기가 좋아하는 부모, 친척, 친구에 대해서는 당연히 탐욕스런 집착이 치성하게 되며, 원수에 대해서는 화내는 마음이 불같이 일어나 번뇌가 매우 크게 일어나므로, 가족에 대한 탐욕심이나 분노는 모두 산란심의 원인이 된다. 이로써 쉽게 정지와 정념을 잃어버리고 인과의 도리를 취사取捨하는 것에 대해 어둡게 된다.

정확한 인과의 취사란 일체 선법은 마땅히 취하고 일체 악업은 모두 버리는 것이다. 하지만 인과의 도리에 어두우면 취하고 버림을 제대로 판단하지 못하고 어리석은 어둠 속에 갇히게 되어 자기의 일체 수행의 길이 막히는 장애를 이루게 된다. 따라서 불법을 잘 수행하려면 탐심, 진심, 치심이 생기게 하는 고향의 가족과 친구에 대하여 벗어나고자 하는 마음을 내어야 한다.

비유하면 고향은 감옥과 같고 애착하는 사람은 옥졸과 같아서, 자신을 감시하고 자신을 그들의 악마 같은 소굴에서 벗어나지 못하게 한다. 이 때문에 해탈을 추구하는 보살의 제자들

에겐 탐심, 진심, 치심을 쉽게 생기게 하는 고향에서 멀리 떠나
는 것이 불자가 행할 바가 되는 것이다.

고요한 곳에 의지함

나쁜 환경을 벗어나면 번뇌가 가벼워지고
게으름이 없으면 선행이 자연히 늘어나며
마음이 맑으면 법에 대한 결정적인 믿음이 생기게 되니
고요한 곳에 의지하는 것이 불자행이라네.

遠離惡境逐漸煩惱輕 원리악경축점번뇌경
了無懶散善行自然增 요무나산선행자연증
心地明淸於法生定信 심지명청어법생정신
依止靜處是爲佛子行 의지정처시위불자행

여기에서 말하는 '나쁜 환경'은 탐진치를 쉽게 생기게 하는
고향을 가리킨다. 그렇다면 이 같은 고향의 장애 인연을 여읜
후에는 어떻게 해야 하는가? '나쁜 환경을 여읜다' 함은 고향
을 떠난 뒤 다른 지방에 가서 놀고 방황하는 것을 의미하는 것

이 아니다. 이른바 장애 인연을 멀리 여읜다는 것은 고요한 곳, 곧 사원과 같이 안정된 곳에 의지한다는 것을 뜻한다.

매우 안정된 곳에 안착하면 거친 번뇌가 없어지며, 번뇌가 점점 가벼워지면 산란과 방일함을 생기게 하는 계교심(計較心: 계산하고 비교하는 마음)이 점점 사라져서 마음이 점점 고요해지고 수승한 본존에 대해서 신심을 내게 된다. 또한 광명대원만光明大圓滿을 수행하거나 삼매를 닦을 때 일체 방편을 써서 마음이 수행의 경계에 들면 자신의 마음이 법과 더불어 하나가 되어 선법을 수행함으로 인해 자연히 수행의 진전을 얻게 된다. 그러므로 고요한 곳에 의지한 후 자신의 수행에 있어서 장애 인연이 없어지고 순조로운 인연만 남게 되는 것이다.

'안정된 곳'이라 함은 절이나 산중의 암자 같이 수행에 도움이 되는 장소를 말한다. 거친 번뇌가 일어나는 고향을 떠난 후에는 반드시 안정된 장소에 의지해야 한다. '안정된 장소'에는 농업이나 목축업, 상업에 관한 것이 존재하지 않으며, 번뇌에 빠지게 하는 장애가 없고, 집착심이 일어날 만큼 좋게 여겨질 만한 것이 없다. 이러한 곳에서는 마음이 점점 안정되어지고, 마음이 안정되어짐에 따라 법에 대한 수행을 감당할 수 있게 된다. 이때 반야의 지혜방편으로 마땅히 머물 곳과 피해야 할 곳을 능히 가리게 되고, 취하고 버릴 것에 대하여 조금도 어둡지 않게 되니, 수행에 대해서도 반드시 결정적인 믿음이 생기게 되고 불퇴전을 얻는다. 그러므로 고요한 곳에 의지하는 것은 많은 공덕을 생기게 하는 것이니, 이것이 불보살께서 권하시는 희유한 수행의 지름길이다.

무상을 수행하며 금생에 탐착함을 포기함

항상 같이 살던 친지들과 헤어지고
고생하여 모아둔 재물도 남겨두고
애착하던 몸에서도 마침내 심식이라는 손님이 떠나는 것이니
금생을 탐착하는 생각을 버리는 것이 불자행이라네.

常時相伴親友各自分　상시상반친우각자분
辛勤所置財物遺空痕　신근소치재물유공흔
身房終被心識客所棄　신방종피심식객소기
舍今生念是爲佛子行　사금생념시위불자행

부모, 가족. 친구 등 우리로 하여금 애착심을 내게 하는 그
모든 것들은 우리가 그들을 얼마나 좋아하는지와 상관없이 죽
음에 이르면 우리를 버리고 떠나가며, 우리 또한 죽을 때 그들
을 버리고 떠나는 것은 정해진 일이다. 이렇듯 각기 헤어지게

되며 항상 함께 하는 것이 불가능하기에 모든 것은 무상한 것이다. 부모, 형제, 친척들뿐만 아니라 자신이 매우 힘들게 벌어들인 재산과 귀중하게 아끼는 물건까지도 모두 무상하게 소멸해 버린다. 그 어느 한 가지도 자신과 항상 함께하는 것이 불가능하며 죽음에 이르러 함께 지니고 가지 못하니, 모두 다 자신의 생명에 조금도 도움 되는 바 없는 것으로서 몸 밖에 있는 무상한 법에 속한다.

몸 밖에 존재하는 무상의 법은, 그에 대한 어떤 집착도 마땅히 일으키지 말아야 하는 것이다. 예를 들어 자신과 함께 태어나 지녀온 몸뚱이를 생각해 보라. 자신의 살덩어리, 뼈, 피 등 자신이 가장 탐착하는 몸을 하루아침에 죽음에 이르러 마땅히 버려야 할 때, 자신의 신체는 여관과 같고 마음은 방안에 거주하는 손님과 같아, 심식은 반드시 몸의 집을 버리고 떠난다. 그렇기 때문에 가족이든 친구이든 자신의 풍부한 재산과 신체이든 그 어느 것이든 모두 영원히 가질 수는 없으며, 어떠한 물건도 모두 영원히 소유하는 것은 불가능하다는 것은 무상한 자성에 속한다.

재물을 모을 때 항상 더 많이 필요하다고 여기며, 제석천왕의 재산처럼 재물이 많아도 만족하지 못하고 더 필요하다고 생각하는 것은 생명에 대한 집착이 매우 강해서 영원히 살고 싶어 하기 때문이다. 그러나 만일 자신의 생사가 무상함을 깊이 사유하게 된다면 곧 바깥에 존재하는 어떤 물질도 자신에 대하여 아무런 의미가 없음을 깨닫게 되며, 생사에 털끝만큼도 도움이 안 됨을 알게 되기에 자신의 마음은 정법 수행으로 나아가게 된다. 이같이 죽음을 기억하고 무상을 생각하는 것은 정법에 대한 신심을 내게 하는 중요한 방편이다.

죽음을 사유하고 수행하는 데에는 3가지 근본과 9가지 원인, 3가지 결정됨이 있다. 3가지 근본이란 무엇인가? 첫째, 모든 이들은 누구나 반드시 죽음을 맞이하게 된다. 죽지 않는 사람은 아무도 없으니 죽음은 당연하고 필연적인 것이다. 둘째, 죽음의 인연은 정해진 것이 없다. 죽음의 시간과 방법도 선택할 수 있는 것이 아니다. 셋째, 죽음에 이르렀음을 알게 되었을 때 정법을 제외한 어떠한 것들도 죽음에 도움이 안 됨을 알아야 한다.

다음으로, 어떻게 무상을 관상하고 수행하는가와 관련된 9가지 원인이 있다. 모든 과거의 생명은 어느 하나 죽지 않은 것이 없으며, 과거에 지나간 것은 다시 돌이킬 수 없고, 죽은 것은 그저 죽어 없어져버릴 뿐 남아있는 것은 하나도 없으니 모두가 무상한 것으로 관찰하여야 한다. 현재 자신의 신체와 생명도 반드시 무너짐으로 나아가며, 털끝만큼도 안전하지 못하고 실질적이지 못하며, 유지시키지도 못하며 무상하게 된다는 것을 생각해야 한다. 또한 나 자신에게 도움을 주었던 가족과 친구들도 자신을 도와주지 못하며, 의복과 재물도 죽음에 이르러서는 조금도 도움이 될 수 없는 것을 알아야 한다. 즉 죽음에 이르러서 진정으로 무상 외에는 다른 무언가를 선택할 수 없음을 관찰하여야 하는 것이다.

9가지 원인을 관찰한 후에는 3가지 결정을 해야 한다. 우리가 이미 앞부분의 사유를 거쳤기 때문에 다음을 긍정해야 한다. 첫째, 우리는 반드시 죽게 되므로 정법을 수행해야만 한다. 정법을 수행하지 않으면 죽을 때 조금도 자유롭지 못하기 때문이다. 둘째, 죽음의 인연을 결정할 수 없기 때문에 자신의 게으름이나 방일함 때문에 수행을 미루지 말아야 한다. 올해의 수행을 내년으로 미루거나 오전의 수행을 오후로 미루지 말아야 하며, 기다린 후에 수행한다고 미루지도 말아야 한다. 이같이 시간을 미루다 죽음이 밀어닥치면 우리의 업을 감당하지도 못하고 업에서 자유로울 수도 없으므로 지금 바로 불법 수행을 시작해야만 한다. 셋째 결정은, 죽을 때에 이르면 불법 외의 그 어떤 것도 자신의 수행에 전혀 의미가 없는 것임을 알기에, 금생 중에 9종류의 무상한 원인을 모두 버리고 자신의 마음을 정법 가운데 순수하게 안주시키며 수행에만 몰두해야 한다는 것이다.

　이상이 3가지 근본·9가지 원인·3가지 결정이며, 이 같은 확신이 있으면 반드시 정법에 들게 된다. 무상無常을 수행하고 금생에 대한 생각을 버리게 되면, 얼마나 큰일을 하고 얼마나 많은 재산을 모으고 얼마만큼 유명해지고 얼마나 좋은 일을 하는가 하는 번잡스러운 생각들은 다 버리게 되며, 죽음이 문턱에 이른 것과 같이 진심으로 수행하게 된다. 이 같은 수행이야말로 제불보살이 기뻐하시고 찬탄하는 수승한 정법 수행인 것이다.

악한 벗을 멀리 여읠 것을 설함

악한 벗을 멀리 여의면 선행이 늘어나므로
마땅히 이 문제를 이치에 맞게 생각해야 하나니
그와 벗하면 업이 늘고 듣고 수행하는 공덕을 잃게 되며
자비심이 없어지게 되므로 나쁜 벗을 여읨이 불자행이라네.

與誰相伴能令三毒增　여수상반능령삼독증
聞思修之功德退失盡　문사수지공덕퇴실진
於令了無慈悲惡友衆　어령료무자비악우중
悉皆遠離是爲佛子行　실개원리시위불자행

　여기서 말하는 '악한 벗'이란 욕망을 부추기고 번뇌를 일어
나게 하는 사람을 말한다. 우리가 처음에는 계정혜의 수행을
배우고 실천하고자 했다 하더라도, 악한 벗을 만나면 나쁜 생
각과 행동의 영향을 받아 불법에 대한 경건함을 잃게 되고, 계

율과 견해에 대하여 사견이 생겨 바른 견해와 바른 관찰을 잃게 되며 탐진치의 삼독심이 늘게 된다.

　최후에 원만한 해탈을 성취하게 하는 수행의 방법은 무엇인가? 이는 곧 불법을 배우고(問), 사유하며(思), 수행하는(修) 것이다. 그런데 나쁜 벗과 바르지 못한 스승을 의지하면 그동안 학습한 공덕을 잃고 분별심이 생겨, 확고한 견해를 만들어 주는 제대로 된 수행의 방법을 얻지 못하여 수행의 길을 그르치게 된다.

　구경해탈의 길로 나아가기 위해서는 온전히 자비와 지혜의 방편에 의지해야만 한다. 그러나 악한 벗을 사귀어서 삼독심이 치성하게 되면 자비심을 다 잃게 된다. 이에 따라 수행하여 해탈을 성취하는 기회와 인연도 모두 잃게 되는 것이다. 이같이 악한 도반은 그 해가 매우 크므로 사귀지 않는 것이 좋다.

　탐욕심이 큰 친구를 사귀면 자신도 탐심이 늘어나고, 화를 잘 내는 친구를 사귀다보면 자신도 화를 잘 내는 사람으로 변하며, 사견을 가진 벗을 사귀면 자신도 사견에 물든 사람으로 변한다. 또한 삼독 번뇌와 아집이 크고 질투심이 많은 이와 사귀면 자신도 그와 같은 무리가 되므로 악한 사람을 멀리하는 것은 무척 중요하다.

　그러면 악한 벗은 어떤 모습일까? 악한 벗은 나쁜 사람으로 보이지 않으며 착한 사람처럼 꾸미기 때문에 알아보기가 쉽지 않다. 악한 벗은 우리 앞에서 미소를 띠고 청정한 것처럼 꾸미며, 우리를 이해하고 받아주며 인정해 주고 자비로 대하는 것처럼 가장한다. 그들은 병기를 들고 사나운 표정을 짓고 악한 벗이라고 말하며 접근해 오는 것이 아니다. 친해지면 서로 대화할 때 그들이 말하되 "불법 수행은 고생스럽기만 하지 실제 이익이 없고, 병들고 단명하고 슬프고 힘든 일을 많이 당하게 하며, 불법을 수행하지 않는 사람들은 부자가 많고 매사가 순조로우며 얼굴이 환하게 빛이 난다."라고 하여 듣는 이로 하여금 불법 수행에 의심이 생기고 회의가 일게 한다. 이같이 귀에 듣기 좋은 말이나 불법에 위배되는 말로 설득하려고 하는 것이 악한 벗의 특징이다.

이같이 나쁜 벗은 알아보기 어려우므로 조심해서 관찰해야 하며, 불량한 친구를 사귀지 않는 것이 윤회의 고통에 빠지지 않는 방편임을 알아야 한다. 나쁜 친구로 인하여 수행에 대한 희망을 잃을 수 있고 정진심도 잃어버리게 되어 그 해로움이 매우 크고 두려우므로 맹수를 피하듯 멀리 피해야 한다. 만일 나쁜 친구를 신속히 피하지 않으면 자신의 법신지혜가 손상을 입게 된다.

이 때문에 수행할 때 악한 벗을 멀리함은 보살의 중요한 실천사항이 된다. 악한 벗은 자신으로 하여금 부모형제를 위한 일을 하게 하고, 이웃 친구와의 관계나 명예, 이익을 중시하게 하며, 갖가지 방식으로 세상사에 빠지게 하고, 해탈을 위한 수행을 하찮고 부수적인 일로 여기게끔 유혹한다.

그러면 악한 벗의 해로움엔 어떤 것들이 있는가? 과거에 쌓은 공덕은 잃게 하고, 생기지 않은 공덕은 생기지 않게 막으며, 이전에 없던 악한 습관이 불어나게 하는 것이 바로 나쁜 벗의 영향력이다. 이렇듯 스스로 조심하지 않으면 악한 벗에 오염되므로 항시 자기의 생각을 가다듬어 벗을 골라 사귀어야 한다.

『정법염주경正法念住經』에서 말씀하시는 것처럼, 악한 벗은 독성을 가진 나무를 만난 것과 같이 바로 버려야 한다. 그런 나무는 잎, 줄기, 뿌리 등 모든 곳에 독성을 품고 있기에 가까이 접촉만 하더라도 독성에 오염되는 것처럼, 악한 벗을 가까이하기만 해도 선하지 않은 발심과 악행에 물들게 되기 때문이다. 『정법염주경』에 또한 말씀하기를, 우리가 미친 코끼리를 만나 죽을 위험에 처하게 되는 것은 두려운 일이지만, 악한 벗을 만나는 것은 이보다 훨씬 더 두려운 일이라고 하셨다. 왜냐하면 자신의 마음이 사견에 물들고 삼독에 오염되어 악업을 짓고, 이로 인하여 윤회의 깊은 늪에서 빠져 헤어날 기약이 없게 되기 때문이다. 미친 코끼리는 단지 육신을 해치지만 악한 벗은 법신지혜의 목숨을 끊어버리기 때문에 더욱 두려운 존재인줄 알아야 한다. 또한 적천보살이 말씀하시기를 "범부중생은 자신의 망상과 분별로 인한 사견을 가져 주변에 강제로 전파하려 한다. 그같이 깨닫지 못한 사람이 자기 생각에 따라 혼란스럽게 말하는 사람들과 대화하면 우리도 범부속인의 무리가 될 뿐이다."라고 하셨다.

또 다른 예를 들면, 어린아이들은 어른이 금이 좋다고 말하면 금을 좋아하고, 보기 좋은 돌을 들고도 돌이 좋다고 말하면 바로 금을 내려놓고 돌을 움켜쥔다. 이렇듯 우리가 불법을 배울 때 바른 견해를 세우지 못하고 맹목적으로 남의 말을 따르면 유치한 어린아이같이 바른 법을 알지 못하고 해탈의 길을 헤매게 된다. 따라서 우리는 수행할 때 좋은 벗과 나쁜 벗을 잘 구분하고 선법과 악법을 잘 판단해서 취해야 한다. 악한 벗의 달콤한 말에 속으면 쉽게 공덕을 잃게 된다.

우리가 해탈을 구할 때 큰 고행과 변치 않는 노력으로 정진해야 이익을 얻게 된다. 이 같은 고행으로 다만 잠시 불법을 수행하여도 이익이 있다. 그래서 정법을 수행하는 데 있어 고생을 감내해야만 하는 것이다. 그런데 나쁜 벗들은 우리를 유혹하여 말하되, 그같이 힘든 고생은 하지 않아도 사는 데 큰 어려

움이 없으니 고생의 길을 버리고 즐기며 살라고 한다. 이러한
말은 듣기엔 달콤할지라도 산 위에서 돌이 쉽게 아래로 구르
듯이 빠르게 우리를 윤회의 깊은 못으로 떨어뜨리는 것이다.
그러므로 나쁜 벗은 반드시 명심하여 경계해야 한다.

이렇듯 우리에게 가장 무서운 적은 나쁜 벗이다. 아띠샤 존
자의 수제자인 중돈빠 존자[9]가 스승에게 "수행의 진전을 방해
하는 모든 적들 중에서 가장 두려운 것은 무엇인지요?"라고 묻
자, 아띠 존자가 답하기를 "가장 두려운 적은 나쁜 친구이니
라. 나쁜 친구는 네가 가지고 있는 모든 선근을 모두 파괴하기
때문에 가장 무서운 것이다."라고 하셨다.

악한 벗을 경계하기 위해서는 처음 한 사람을 만나 사귀기
시작할 때부터 신중히 관찰하여 악한 벗의 특징을 가진 사람
을 멀리해야 한다. 먼저 사귀다가 뒤에 악한 벗인 줄 알면 그를
멀리하기 어렵기 때문이다. 우리가 뱀이 많이 나오는 숲속 길
을 걸을 때 뱀에 물리지 않으려고 동서로 살피고 주의하듯이,
사람들을 만날 때 악한 벗을 가리기 위해 잘 관찰해야 하며 이
를 소홀히 여기면 바로 후회할 일을 대면하게 된다. 악한 벗인

9 　중돈빠(돔뙨빠, 게쉐 뙨빠Geshe Tönpa, 1005~1064): 인도에서 티벳에
　　보리도차제법을 전수한 아띠샤(Atiśa , 982~1054) 존자의 수제자이
　　며, 까담빠를 창시함으로써 티벳불교를 중흥시켰다.

줄 알았을 때는 자비심을 잃지 않고 지혜롭게 점차 멀리하면 된다. 악한 벗을 관찰하는 방법은 스승님의 가르침과 경전의 내용대로 해야 하며, 친구의 말과 자기의 생각을 기준으로 하면 안 된다. 수행자가 악한 벗을 멀리하는 것은 큰 공덕이 되지만, 만일 진실로 그를 떠나지 않으면 그 결과는 돌려받기 어려운 후회와 상처를 남기는 것이다.

불자는 모름지기 중생의 마음을 힘들게 하면 아니 되므로, 악한 벗을 만나도 방편을 써서 멀리하고 그에게 번뇌가 생기지 않게 해야 한다. 악한 벗인 줄 알아도 남에게 말하지 않고 그에게 상처주지 않는 매우 평화로운 방식으로 점차 그를 멀리하여 자신의 공덕이 손상되지 않게 하면 된다. 수행자가 믿음 갖춘 자를 의지하면 믿음이 증가하고, 연민심 갖춘 이를 의지하면 연민심이 늘어나며, 탐욕과 진심이 큰 사람과 가까이하면 탐욕과 진심이 자연히 증가하게 되고, 악한 이를 가까이하면 번뇌가 늘게 된다. 그러므로 악한 벗과 왕래하지 말고 그를 부모 죽인 원수나 전염병 걸린 사람같이 여겨 멀리하며, 그의 악습에 전염되지 않게 하여 자신의 청정심을 잘 지켜야 한다.

선지식을 의지함

어떤 분을 의지하면 죄업이 소멸되고
공덕이 상현달 차오르듯 늘어나니
그런 스승님을 자신의 몸보다 훨씬 더
소중히 받드는 것이 불자행이라네.

依止誰人罪咎能永盡 의지수인죄구능영진
猶如上弦之月功德增 유여상현지월공덕증
將此正士知識比自身 장차정사지식비자신
猶加愛重是爲佛子行 유가애중시위불자행

　　여기서 말하는 스승은 허물이 없는 선지식을 말한다. 그분들
을 가까이 모시면 선행이나 계율, 문사수聞思修[10]의 공덕 등 일

10　　문사수聞思修: 부처님의 지혜인 일체종지一切種智를 얻기 위한 3가지

체 선법이 증장하고 귀의, 발심, 대비심 등이 상현달 차오르듯 늘어난다. 스승을 의지하면 그 교언을 듣고 수행하여 번뇌가 녹아지고 해탈도에 들게 되는 공덕이 있다. 그러기에 『수엄경 樹嚴經』에서 이르기를 "수행자가 선지식을 친견하는 것은 매우 얻기 어려운 일이므로 그냥 뵙는 데 그치지 말고 반드시 가까이서 모시고 가르침을 들으며 수행해야 한다."라고 하였다.

선지식을 의지하는 데 있어서는 3가지 조건을 갖춰야 한다. 첫째는 선지식을 관찰하는 방법을 알고, 둘째는 선지식을 의지하는 데 있어 제자로서 갖출 예절 법도를 배우며, 셋째는 선지식을 따라 수행하는 법을 전수받아 수행하는 것이다.

먼저 스승으로서 갖춰야 할 법상을 이해해야 한다. 지금은 그릇된 스승은 밤하늘의 별과 같이 많고, 진정한 선지식은 대낮의 별과 같이 적은 시대이다. 우리가 선지식을 의지할 때 수기가 있는 고대의 대성취자나 떼르뙨(복장대사)은 매우 수승한 큰 스승이시므로 관찰할 필요 없이 바로 법을 구하면 되지만, 수기를 갖추지 않았거나 떼르뙨이 아닌 분은 스승으로서

지혜를 말한다. ① 문혜聞慧: 경전을 읽거나 부처님과 보살 또는 선지식을 가까이하여 불법을 듣는 것에 의하여 생기는 지혜, ② 사혜思慧: 불법을 여실하고 깊이 사유 관찰함으로써 생기는 지혜. ③ 수혜修慧: 가르침에 따라 수행하여 증득하는 지혜.

공덕이 있는지 관찰한 뒤에 모셔야 선지식이 아닌 분을 만나는 위험을 줄일 수 있다. 만일 깨달은 분과 깨닫지 못한 분이 섞여 있을 경우에는 선지식을 관찰하는 방법에 따라 살펴보면 된다.

이렇게 하여 스승이 정해지면 가르침을 잘 배우고 의지해서 수행하면 된다. 우리가 선지식을 의지하는 법을 배우는 데 있어『스승 섬기는 오십 게송(事師五十頌)』은 매우 중요한 논서가 된다. 이 논서에는 선지식의 법상, 선지식의 공덕, 선지식을 의지하는 방법, 제자의 스승 섬기는 예법 등의 내용이 포함되어 있다. 선지식을 의지할 때 자기보다 공덕과 지혜가 높은 분을 의지해야 하고 그래야만 자신의 자비심이 증가하며 문사수의 공덕과 지혜가 늘어나게 된다. 밀법을 수행할 때 의지하는 스승은 큰 은혜를 주는(大恩) 근본스승이다. 왜 '대은大恩' 근본스승이라고 하는가? 근본스승님은 법력으로 제자를 해탈로 이끌어 주시며, 해탈의 길에서 안정되고 자신감을 가지고 수행할 수 있게 은덕을 베풀어 주시기 때문이다.

스승을 관찰하고 그에 의지한 후에는 좋고 나쁨을 따지거나 의심하고 망설이지 말고 스승에 대해 청정상을 내어 경건함과 공경심을 가지고 섬겨야 한다. 스승은 공덕의 원천이다. 스승의 가피는 전단향기를 맡는 것과 같다. 스승을 성실하게 의지하면 법력의 가피를 입어 번뇌를 조복하고 죄업을 대치하여 소멸하게 되고 모든 공덕이 생기게 된다. 따라서 자신의 수행 중에서 스승 섬기는 일이 가장 중요한 수행이 되어야 한다. 스승은 자비와 지혜를 갖추고 공덕이 원만하신 분임을 믿고 자신의 생명보다 귀중히 여겨 항시 주야로 곁을 떠나지 않고 같이 모시고 살며 배우고 수행하여야 공덕이 늘어나게 된다.

스승에 대한 공경심은 내면의 깊은 곳에서 우러나오는 것이다. 우리는 스승의 공덕에 감동하여 자신의 마음을 진정한 불법에 안주케 해야 하며, 자신의 허물에 대해서는 스승의 꾸지람을 달게 받아야 한다. 스승을 의지함에 있어서 스승을 정수리에 모시고 받들며, 자신의 심장이나 눈동자를 소중히 하듯이 스승님을 보호할 수 있는 신심을 가지고 배우고 수행하여야 공덕이 생기며 번뇌를 조복하게 된다. 스승과 삼보를 의지할 때 신심이 없으면 공덕도 생기지 않는다. 예를 들어 선성 비구는 석가모니 부처님을 24년이나 곁에서 모셨으나, 스스로 말하길 "부처님의 몸에서 빛이 나는 것을 제외하고는 부처님과 나는 공덕 측면에서 아무런 차이도 없다."라고 하는 등 스승에 대한 신심이 없어 아무런 성취도 얻을 수 없었다.

선지식을 의지하는 방법을 이해하고 실천하기 위해서는 고승대덕들의 전기를 많이 보는 것이 도움이 된다. 밀라레빠 존자의 전기나 화지華智 린포체(직메 최기왕뽀)가 저술한 『대원만수행요결』을 보면 대선지식들이 스승을 받드는 모범된 행을 본받게 되며, 신하가 임금을 모시는 것과 같이 공경심을 가지고 순종하는 자세로 여법하게 신심을 내어 스승을 섬길 수 있게 된다.

삼보에 귀의함

자신도 윤회의 굴레에 구속된
세간 신이 능히 그 누구를 구해낼 수 있으리.
그러므로 고귀한 의지대상인 삼보께
진실로 귀의함이 불자행이라네.

自亦困於輪回牢獄中　자역곤어윤회뇌옥중
世間神祇其能救誰人　세간신지기능구수인
故於無欺皈怙三寶尊　고어무기귀호삼보존
至心皈命是爲佛子行　지심귀명시위불자행

세간의 힘 있는 신의 무리를 모시는 곳에 가서 공양 올리고
빌면 잠깐 사이에 신속하게 세상사의 도움을 받고 이익을 얻
게 되지만, 이러한 이익은 윤회에서 해탈하도록 가피해 주는
것과는 거리가 멀다. 더구나 세간 신은 도움을 준만큼 받으려

하기 때문에 그 무리에서 벗어나기 어렵게 된다. 이런 신들은 선한 신이라도 유루업의 결과이며 그들 자신도 분별심으로 인해 윤회에 빠지게 되므로 해탈도를 얻도록 도움주기는 어려운 것이다. 해탈을 위해 우리가 의지해야 할 대상은 공덕을 갖추고 윤회의 속박을 벗어났으며 진정으로 자신을 맡길 수 있는 스승과 삼보이므로 오직 스승과 삼보를 공경하며 그들에게 신심을 내야 한다.

그러면 삼보에 귀의할 때 우리는 무엇을 어떻게 생각해야 하는가? 윤회의 고통을 생각하여 삼보께 구원의 기도를 올리며, 마음 깊이 삼보에 대해 사견을 내지 않고, 오직 윤회에서 벗어나기 위해 삼보에 의지하고자 하는 신심이 나면 그렇게 하는 것이 곧 귀의이다. 신심은 진실하고 원만해야 한다. 홍수에 떠내려갈 때 삼보에 의지하는 생각이 일어나는가? 대부분의 사람들이 이러한 위기에 처하여 동서로 두리번거리며 혼비백산하여 살아날 궁리를 할 뿐, 삼보에 믿음을 가지고 생을 맡기는 마음을 내지 못한다.

삼보에 대한 진전한 신심이란 무엇을 가리키는가? 어떤 위기에 처해도 삼보에 대한 믿음이 물러나지 않는 것을 말한다. 삼보께서 자신의 신심을 알아주시고 인과의 섭리대로 돌아간다는 것을 믿으면 두려워할 일이 없다. 세간, 출세간의 모든 문제를 예언가에게 묻지 않아도 신심을 가지고 삼보의 가피력에 의지하여 기도하면 때가 되어 문제가 해결되고 목적을 성취하게 된다는 것을 굳게 믿으면 된다.

수행자로서 윤회에서 벗어나고자 한다면 고통과 즐거움, 생사 문제 등 어떤 경우라도 부모나 다른 사람을 의지할 것 없이 삼보를 믿고 삼보에 서원을 세워 해탈의 모든 문제를 삼보에 의지해 해결해야 한다. 귀의의 공덕은 불가사의하고 무량무변하여 허공을 채우고도 남음이 있으며 일체 공덕의 원천이 되므로 귀의의 내용을 이해하지 못하면 어떤 다른 공덕도 생길 수 없다. 그러므로 인도의 나란타 대학 전승조사이시고 티벳 까담파의 종조가 되시는 아띠샤 존자께서는 일생동안 대부분 귀의에 관한 것을 설법의 소재로 삼으신 것이다.

삼보는 중생의 진실한 의지처이고, 붓다는 4가지 불공법不共法의 공덕을 구족하시어 중생을 윤회의 두려움에서 구제해 주신다. 붓다는 먼저 윤회를 벗어나는 지혜를 갖추시고, 윤회의 괴로움에 빠진 중생을 연민하시며, 중생을 능히 구제하시고 제도하는 방편이 뛰어나시며, 모든 지혜 공덕을 갖춘 일체지자이시므로 능히 속임 없는 귀의처가 되신다. 이 때문에 붓다는 능히 일체 중생을 제도하시는 최상의 귀의처가 되신다. 연화생 대사께서 말씀하시길 "우리가 마음속으로 생각하는 바를 스승 삼보께서 다 아신다고 믿고, 어떤 경우에도 스승 삼보를 의심함이 없이 의지한다면 가호를 받는 것은 분명하다."라고 하셨다. 우리가 어려운 문제에 당면하여 스승 삼보에 기도를 올리고 바로 해결되면 믿음을 내고 기뻐하고, 기도 올리고도 해결책을 얻지 못한 경우 스스로 정성과 믿음이 부족한 것은 돌아보지 않고 스승 삼보를 불신하는 생각을 일으키고 불평하는 말을 하는 것은 진정한 귀의의 신심에서 나오는 행동이 아니다.

수년 전에 어느 재가 제자가 찾아와 본인의 이야기를 한 적이 있다. 이분은 어느 날 광견병에 걸린 개에게 물리게 되었다. 빨리 의사를 만나러 가야겠다고 발걸음을 옮기려는 순간 '아, 그럴 필요가 없겠다. 나는 이미 나의 모든 것을 삼보에 귀의하였고, 삼보는 모든 것을 아시기에 삼보에 의지하면 될 것이다.'라는 생각이 들었다. 그리고는 작은 토굴을 찾아 들어가 진실한 참회와 상사유가를 수행하였다. 7일째가 되자, 실제로 광견병이 발병하여 본인도 광견처럼 행동하려는 충동이 일어나는 것을 느낄 수 있었다. 그럴 때마다 그는 바로 성심을 다해 스승과 삼보에 기도를 계속 올렸다. 그렇게 며칠이 지나자 입으로부터 독한 물과 액체가 쏟아져 나오고는 광견병이 자연스럽게 완치되었다 한다. 이런 것이 바로 오직 스승과 삼보에

만 모든 것을 맡기고 의지하겠다는 진정한 신심에 기반한 귀의이니, 그렇게 되면 불가사의한 가피를 받게 된다. 이렇듯 삼보에 귀의한다는 것은 입으로만 말해서는 소용없고 마음의 내면 깊은 곳에서 우러나오는 성실함을 기반으로 하는 것이므로, 스스로 자신의 마음 상태를 관찰하고 귀의의 내용을 어떻게 배우고 자신의 귀의발심을 어떻게 세우고 지킬 것인지를 이해해야 한다.

귀의에 대해 공부해야 할 내용을 3가지 항목으로 나누면 첫째는 귀의의 구분이고, 둘째는 귀의의 학처(學處: 지켜야 할 내용)이며, 셋째는 귀의의 공덕과 이익이다.

첫째로 귀의의 구분에 있어, 신심 방면으로 청정신淸淨信, 욕락신欲樂信, 견고한 신심의 세 종류가 있다. 불상, 경전, 사원을 보고 환희심이 생기고 붓다의 공덕이 불가사의한 것을 느끼며 신심이 일어날 때 '청정신'이라고 하며, 업장과 장애를 소멸하고 마음을 깨달아 해탈의 공덕을 증득하고자 생기는 신심이 '욕락신'이며, 윤회의 고통을 이해하고 삼보를 의지하는 것이 윤회에서 벗어나는 길인 줄 알아, 삼보의 끝없는 불가사의한 공덕에 믿음을 내며 심한 고통과 죽음의 위기에도 삼보를 의지하는 마음을 잃지 않는 것을 '견고한 신심' 또는 '승해신勝解信'이라 한다. 불법을 수행하는 데 있어 가장 중요한 점이 바로 신심을 갖추어 마음이 두세 갈래로 분산되지 않는 것이다. 이로써 가피를 얻고 수행을 성취하게 되는 것은, 비유컨대 사람에게 손발이 없이는 아무것도 할 수 없는 이치와 같다.

신심에도 상중하의 구분이 있다. 상등신심은 상등가피를 얻고, 중등신심은 중등가피를 얻으며, 하등신심은 하등의 가피를 얻으나, 신심이 없으면 아무런 가피도 얻지 못한다. 신심은 가피를 얻는 문이고 일체의 근본이 된다. 선성 비구는 부처님 시봉하기를 오래하고서도 석가모니불에 대한 신심이 없어 가피를 얻지 못했다. 우리가 진실로 신심을 갖추면 공덕이 자연히 생기고, 신심이 없으면 공덕이 소멸되어 미래에 대한 희망도 없어진다.

티벳 사람들이 항상 말하는 "만약 자기가 믿음이 있으면 늙은 부인도 개의 이빨에 의지해서 성불할 수 있다."는 것도 신심의 중요성을 이야기하고 있는 말이다. 예전에 한 노부인이 아들과 서로 의지하며 살고 있었다. 아들은 항상 인도로 장사하러 다녔다. 어머니가 그에게 말했다. "인도의 금강좌(金剛座: 보드가야)는 원만정등각이신 석가모니불께서 성불하신 성지이니, 너는 인도에 가면 기도를 올릴 대상이 될 수승한 가피의 성물(加持品) 하나를 반드시 나에게 가져다 다오." 이렇게 어머니가 세 번 네 번 부탁하였으나 아들은 매번 잊어버려서 가피의 성물을 갖고 오지 못했다. 한번은 아들이 또 인도에 가고자 할 때, 어머니가 정중하게 이 일에 대해서 말하였다. "만일 이번에도 네가 기도를 올릴 가피의 성물을 모셔 와서 나에게 주지 않으면 나는 너의 눈앞에서 자살해 버릴 것이다." 그러나 아들은 인도로 장사하러 갔다가 돌아올 때 어머니가 부탁한 일을 또 잊어버렸다가 집에 거의 가까이 와서야 문득 생각이 났다. 그가 마음에 걱정이 되어서 생각하기를 '지금 나는 어떻게 해야 할까? 나는 어머니에게 올릴 성물을 가져오지 않았고, 만일 이렇게 빈손으로 들어가면 어머니는 내 앞에서 자살하실 것이다.' 그는 이리저리 생각하다가 길옆에 죽은 개의 머리를 발견하고 개의 이빨을 떼어내서 비단으로 잘 싸서 가져가서 어머니에게 드리며 말하였다. "이것이 부처님의 치아사리이니, 바라건대 어머니는 그것을 기도의 대상으로 삼아서 기도를 하십시오!" 어머니는 개의 이빨을 진정으로 부처님의 이빨로 여겨 친히 강렬한 신심을 일으키고 항상 예배하고 공양을 올렸는데, 나중에 개의 이빨은 많은 사리를 만들어냈다. 마지막에 노부인이 죽은 후에는 무지갯빛이 나는 등 상서로운 모습이 자주 나타났다. 이것은 개의 이빨이 실제로 가피의 힘을 갖춘 것이 아니고, 노부인이 강렬한 신심으로 그것을 진짜 부처님 사리라고 생각했기 때문에 이와 같은 부처님의 가피력이 개의 이빨 가운데 스며들어서 곧 부처님의 치아와 차이가 없게 된 것이다. 이렇듯 신심은 매우 중요한 것이다.

귀의는 동기에 따라 3가지로 분류된다. 지옥, 아귀, 축생의 고통을 두려워하여 이러한 고통을 피하고 선도善道인 인간과 천상에 태어나 안락을 얻고자 하는 동기로 발심하여 귀의하는 것을 하사도(下士道: 하근기)의 귀의라고 말한다. 삼악도의 고통, 인간세계의 생로병사의 고통, 아수라의 투쟁의 고통, 천상의 복진타락의 고통 등 윤회의 한량없는 고난을 두려워하여 출리심을 내어 고요한 열반의 과위를 얻기 위하여 귀의함은 중사도(中士道: 중근기)의 귀의이다. 시작도 없는 무량한 육도윤회 중생과 금생 부모를 위시한 한량없는 부모중생을 육도윤회의 고통에서 구제하기 위하여 삼보에 귀의하고, 자신과 일체 중생 모두로 하여금 아뇩다라삼먁삼보리를 성취하게 하고자 귀의함이 상사도(上士道: 상근기)의 귀의이다.

다만 자기를 위하는 것인 하사도의 귀의에서는 잠깐의 행복은 얻어도 윤회를 벗어나지 못하고 다시 악도에 떨어지게 되므로 구경해탈의 안락은 얻지 못한다. 우리는 소승성문의 발심에 머무르지 않고 부모중생을 구제하고자 하는 광대한 발심을 해야 한다. 부모중생이 육도윤회 중에 참기 어려운 고통을 받는데 구제하고자 하는 마음을 내지 않는다면 원만하고 위없는 지혜를 성취하는 것이 불가능하게 된다. 『보만론』[11]에서 설한 바와 같이, 중생의 수만큼 자신도 크게 발심하여 자신의 지혜가 허공만큼 커지게 해야 한다. "지금부터 해탈을 이루기까지 일체 중생을 삼보에 귀의토록 하기 위하여 어떤 생사고락도 논하지 않고 오직 삼보에만 의지하며, 어떤 역경을 만나도 오직 삼보만 의지하여 가피를 얻고 해탈의 피안에 도달하기를 간절히 원할 뿐이다." 이와 같은 굳건한 신심이 일어나는 것이 실다운 귀의의 모습이다.

현종顯宗과 달리 밀종密宗의 귀의 방법은 삼보가 스승의 몸과 마음에 모두 포함되어 있으므로 스승이 제4보라는 신심이 생겨야 한다. 평소 자기가 걸을 때에는 우측어깨 위에, 앉았을 때는 머리 위에, 음식을 먹을 때는 목구멍에, 잠잘 때는 심장 안에 스승이 있다고 관상하며 몽환광명夢幻光明을 수행할 필요가 있다. 행주좌와에 항상 스승의 마음과 자신을 하나로 모아 스승께 해탈의 기도를 올려야 하며, 이같이 수행하는 것이 스승과 상응하는 수행이고 귀의 제자가 되어 마땅히 수행해야 하는 일이다.

---

11 『보만론寶鬘論』은 용수보살께서 지은 논서로서, 한역으로는 『보행왕정론寶行王正論』(진제眞諦 번역)으로 알려져 있다.

둘째로 귀의의 학처에서 배우는 내용에는 3가지 끊을 것과 3가지 수행하는 것, 그리고 3가지 함께 순응해야 하는 것이 있다. 먼저 3가지 끊을 것은 다음과 같다. 첫째, 불보에 귀의한 뒤 자재천 등 세간 신에 귀의하지 않아야 한다. 그들은 윤회에서 해탈할 능력이 없어 자신들도 윤회육도의 고통을 받으므로 우리를 윤회고로부터 구제하지 못한다. 오직 삼보에 귀의해야만 해탈을 얻을 수 있다. 둘째, 법에 귀의한 뒤로는 어떤 중생도 괴롭히고 해치면 안 된다. 왜냐하면 자신도 해침 당하거나 괴로움 당하는 것을 원하지 않기 때문이다. 또 수행자는 대비심의 원력이 있어야 하고 중생의 영원한 행복을 위해서 수승한 발심을 해야 하기 때문이다. 셋째, 승보에 귀의하면 외도나 삿된 무리와 함께하지 않아야 한다. 그들은 삼보를 인정하지 않고 스승·불·법·승보가 진실하지 않다고 말하며 불법은 사람들을 속이는 것이라고 주장하기 때문이다. 삼보가 진실로 존재함을 믿지 않으며 무신론을 주장하는 사람들과는 거리를 두어야 한다. 이상 3가지 끊어야 할 것을 다시 정리하면, 부처님께 귀의하면 천마외도天魔外道에게 귀의하지 않아야 하고, 법에 귀의하면 영원히 중생을 괴롭히지 않아야 하고, 승보에 귀의하면 외도사견外道邪見 중생과 벗하지 않아야 한다.

귀의계를 받은 후 마땅히 행해야 하는 3가지는 다음과 같다.

부처님께 귀의한 후에는 가피를 얻는다는 신심을 갖고 불상을 매우 공경하여 예배하고, 법에 귀의한 후에는 경전을 소중히 여겨 낮은 데 두지 말고 높은 데 모셔 넘어 다니지 말고, 승보에 귀의한 뒤에는 스님의 잘잘못을 따지지 말며 가사조각일지라도 소중히 여긴다.

마지막으로는 삼보에 귀의한 후에 근본스승께 순응해야 하는 3가지가 있다. 첫째, 어느 장소 어느 때를 막론하고 스승의 신체와 뜻을 존중하여 스승의 그림자도 밟지 말고, 스승의 좌복에 앉지 않으며, 스승의 뜻을 어기지 않아야 한다. 스승님의 방문을 가볍게 노크한 후 스승을 뵙고 천천히 부드럽게 말씀 올려야지, 크고 거칠게 고함치듯 말하지 않아야 한다. 둘째, 스승님의 말씀은 자기가 신심이 있을 경우 모두 정법의 가피이고 뜻에 있어서 경론의 말씀과 어긋남이 없으므로 의심 없이 가르침을 받들어 행해야 한다. 스승님을 공경하는 것은, 전법 받은 법을 잘 수행하는 것이 상등의 방법이고, 방을 청소해 드리는 것이 그 다음이며, 재물과 금은보배를 공양 올려 스승님을 기쁘게 해 드리는 것이 하등의 것이다. 스승님이 강설하신 것은 진정한 정법이라고 결정심을 내고 조금도 사견을 일으키지 않아야 한다. 이것은 매우 중요한 일이다. 셋째, 스승님과 그 제자권속을 진정한 승보로 생각하여 존중하고 가벼이 여기지 않아야 한다.

　이같이 스승님의 신·구·의에 대한 존중을 실천하는 것이 스승님께 진정으로 순응하는 행위이다. 만일 스승님께 대한 공경을 잘 실천하지 못했거나, 행하여도 스승님을 기쁘게 해 드리지 못했다면 과오가 적지 않다. 따라서 참회하는 마음을 내야 하며, 스승님의 시중을 들거나 스승께 공양을 올리는 등과 같은 방식으로 스승님을 기쁘게 해 드림으로써 자신의 죄업을 깨끗하게 소멸시킬 수 있다.

　밀법에서 스승의 몸은 승보이며, 스승의 입은 법보이고, 스승의 마음은 불보로서 법으로 표시되고 스승님은 삼보의 총합체이므로, 시원한 바람이 부는 것조차 스승 삼보의 가피로 생각해야 한다. 일체 가피의 근원은 스승이므로 일체 선업의 나타남이 모두 스승님이 주시는 가피임을 굳게 믿어야 한다. 모든 선업과 공덕 그리고 바깥 경계의 일체 나타남이 삼보의 가피 위신력인 줄 알고, 일체의 나타남을 수행의 경계로 삼고 삼보에 대한 신심으로 돌리면 크게 가피를 받는다.

　예를 들어 길을 갈 때 동방을 향하면서는 금강살타 보살의 가피를 입는다고 생각하고, 남방으로 가면서는 보생불의 가피가 있다고 생각하고, 서방을 향하면서는 아미타불 가피를 입는다고 생각하며, 북방을 향함에는 불공성취불 가피를 받는다고 생각하고, 중방에서는 비로자나불 가피를 받는다고 생각한다. 평소에 혹은 잠잘 때는 스승님을 자신의 심장에 있다고 관하고, 식사할 때 목구멍에 있다고 관한다. 이렇게 관상하면 어느 때 어느 장소를 막론하고 삼보와 스승의 가피가 충만하게 되므로 이러한 관상은 매우 중요한 수행이다.

스승에게 공양을 올리면 큰 복덕자량을 쌓게 되므로, 일용품 가운데 귀한 것들을 공양 올리거나 마음에 관상하여 공양을 올린다. 항상 몸으로 예배하고 입으로 염송하며 마음으로 공경을 표하는 관상을 짓고, 영원히 삼보를 버리지 않겠다고 다짐하며 삼보에 대한 신심을 굳건히 해야 한다.

평소에 마음 가운데 부처님에 대해 경건한 신심이 생기게 하고, 불상에 대하여도 참 부처님을 보는 듯 신심을 내야 하며, 생명의 위험에 처해서도 삼보를 버리지 않겠다고 다짐해야 한다. 『열반경』에서 "나의 육신은 이제 세상에 있지 않을 것이나, 미래에는 문자의 모습으로 세상에 상주할 것이다."라고 하셨으니, 경전 또한 항상 부처님과 똑같은 신심을 내어 잘 모셔야 한다. 그리고 불상, 경전, 승중에 대해 청정한 마음을 지녀야 하며, 평가하는 말을 하거나 손가락질하고 낮은 위치에 두어 내려다보는 행위를 하지 말아야 한다. 이렇듯 삼보에 대하여 청정한 상相을 가지고 공경, 예배, 공양하는 것이 귀의를 배우고 실천하는 내용인 것이다.

다음으로는 귀의의 공덕과 이익에 대하여 말한다.

세간의 행복이나 출세간의 해탈 성취가 모두 귀의에 기초한다. 귀의는 모든 계율의 기초가 되므로 거사계, 사미계, 비구계, 보살계의 기초가 되고, 귀의한 뒤에 계율의 공덕도 생기므로 해탈도에 성취가 있게 된다. 우리가 귀의계를 받고 항상 삼보에 기도하며 귀의의 내용을 실천하면 자기 마음에 매우 큰 깨달음의 공덕이 생긴다. 과거에 벌레 한 마리가 급류에 휩쓸려 불탑을 일곱 바퀴 돈 뒤 떠내려가며 빠져 죽어 해탈의 인연을 지었다는 전설이 있다. 하물며 신자가 발심하여 삼보의 상징물인 불탑 등에 기도하고 청정한 발심으로 계율을 지키며 신심을 내면 공덕이 매우 크다. 귀의한 후에 귀의의 가피만으로도 세간의 복업과 출세간 해탈의 인연의 기반을 마련하고 무량한 공덕을 얻게 된다.

이 밖에 또한 "하나의 진흙 불상을 의지하여 세 사람이 성불을 얻는다."라는 이야기가 있다. 옛날에 한 사람이 길가에서 한 분의 작은 진흙 불상을 보고서 '이 조그마한 불상이 만일 이같이 버려져 있으면 금방 빗물에 씻겨서 부서질 것이니, 부서지지 않게 해야 한다.'라고 생각하였다. 그는 앞이 떨어져서 버려진 신발 한 짝을 보고서 그 신발을 주워서 작은 진흙 불상을 덮었다. 다른 한 사람이 지나다가 이것을 보고서는, 이러한 더러운 신발로 불상의 머리에 덮는 것은 매우 나쁘다고 생각하여 신발을 벗겨내 버렸다. 신발을 씌운 것과 신발을 벗겨낸 두 사람은 착한 뜻의 과보로써 후세에 왕의 지위를 얻었다. 즉 최초에 진흙 불상을 만든 사람과 중간에 신발을 씌운 사람, 마지막에 신발을 벗겨낸 세 사람은 모두 잠시 왕위 등 좋은 곳(善趣)의 즐거운 과보를 얻었으며, 구경에는 해탈의 종자를 심어 성불했다.

수행자의 일체 선행 중 가장 근본이 되는 것은 청정심을 발하는 것이다. 삼보를 공경하고 법을 수행하는 모든 신행에 있어 청정한 발심은 매우 중요하다. 만일 청정한 발심이 갖춰지면 귀의의 역량만으로 과거세에 지은 악업이 소멸되며 출세간의 해탈 공덕도 얻게 된다.

하사도를 수행하여 악업을 짓지 않음

붓다께서 매우 참기 어려운 악도의 고통은
악업의 결과라고 말씀하셨나니
그러므로 목숨을 버릴지언정 악업은
영원히 짓지 않는 것이 불자행이라네.

極其難忍惡趣諸苦痛　극기난인악취제고통
是爲惡業果報佛親雲　시위악업과보불친운
故於惡業縱然舍生命　고어악업종연사생명
永不積造是爲佛子行　영부적조시위불자행

여기서 말하는 것은 우리가 윤회 중에 겪는 큰 고통이 원인
없이 생긴 것은 없다는 것이다. 삼악도의 고통이나 감당하기
어려운 고통은 모두 악업의 과보이다. 석가모니불의 지혜로

관찰한 결과 윤회 과정에서 나타나는 모든 것은 인과로 이뤄진 것이고, 인위因位의 선악업의 인연에 따라 선악의 이숙과보를 받는 것이다. 이것이 인과의 규율이다. 이렇듯 참기 어려운 고통이 과거에 지은 악업의 인연인 줄을 알았으면 목숨을 버릴지라도 영원히 악업은 짓지 말아야 한다.

우리는 선업의 인연과 악업의 인연을 잘 가려서 짓지 않아야 할 것은 하지 말고 행해야 할 일은 힘써 행하고, 인과의 취사에 대해 밝게 알고 확신을 가지며 견고한 믿음으로 수행해야 한다. 인과를 가리는 것은 중요한 일이므로 윤회의 고통에 대하여 세심하게 사유하고 관찰해야 하며, 우리가 겪는 고통이 어떤 업의 인연으로 생긴 과보인 줄 알고, 악연을 벗어날 마음을 낸다면 진정한 출리심이 생기게 된다. 『보만론』에서 설하고 있듯이, 만일 윤회 고통을 실감하지 못하면 지옥, 아귀, 축생의 고통을 서술한 경전이나 논장의 내용을 보고 고통의 자성을 관상해야 한다.

지옥중생은 어떤 인연으로 지옥에 떨어졌는지, 아귀중생은 어떤 인연으로 아귀도에 떨어졌는지, 축생은 어떤 인연으로 축생에 떨어졌는지 관찰해 보라. 이 모두 악업의 인과로 이루어진 것이다. 지옥의 업으로 지옥에 떨어졌다는 것을 알면 된다면 삼악도에 대해 두려움이 생기지 않을 까닭이 없다. 일례로 팔한지옥, 팔열지옥, 근변지옥 등 하나하나의 지옥에 대해 어떤 악업에 의해 어떤 내용의 고통을 받는지 자세히 이해하고 두려움이 생길 때 윤회의 고통이 어떤지를 실감하고 윤회에서 벗어나고자 하는 발심을 하게 된다. 더 자세한 지옥 고통의 내용을 알고 싶으면 화지 린포체가 저술한 『대원만전행인도문』을[12] 읽어 보라.

다음으로는 춥고 배고프며 덥고 갈증 나는 고통을 당하는 아귀는 어떤 인연으로 아귀보를 받았는지, 얼마나 긴 시간을 얼마나 뜨거운 사막에서 고통을 받고 있는지 세심하게 따지고 생각해 봐야 한다. 또 서로 잡아먹고 잡아먹히는 우매한 축생의 과보도 어떤 인연의 악업 과보인지를 이해해야 한다. 사람들은 눈으로 확인하지 않아 믿지 못하지만, 부처님 말씀에 의하면 보지 못했다고 존재하지 않는 것이 아니다.

업력이나 악업의 과보는 시간에 따라 늘어난다. 자신이 지은 악업은 저절로 없어지지 않고 매우 긴 시간 후라도 업보를 받으며, 짓지 않은 업의 과보는 만날 수 없다. 업인과業因果에 대해 자세히 관찰하면 윤회 중의 삼선도(三善道: 아수라·인간·천

---

12 이 책 『대원만전행인도문大圓滿前行引導文』은 『대원만 수행요결』이란 이름으로 번역되어 출간되었다(지엄 편역, 『대원만 수행요결』, 운주사, 2013).

상)의 과보도 고품의 자성이라는 것을 쉽게 알 수 있다.

우리가 말하는 업에는 끊어야 할 악업과 행해야 할 선업 두 종류가 있다. 십선업과 십악업은 각기 몸에 세 종류, 언어에 네 종류, 의념에 세 종류가 있다. 우리는 이러한 업의 인과를 선택할 수 있어야 하고, 표면상으로는 그 전체 내용을 이해하기 어렵다는 것을 잘 알고 세밀하게 살펴야 한다. 많은 일을 오랜 시간에 걸쳐 체험하고 지혜의 안목을 써서 생각해 보아야 단견에 떨어지지 않게 된다.

우리가 중생을 윤회의 고통에서 벗어나게 하기 위해 보리심을 발한다고 말하는데, 어떤 동기로 자비심과 출리심 그리고 수행 정진할 마음을 생기게 하겠는가? 자신이 따뜻한 방에 앉아 윤회 중생이 불쌍하다고 생각만 해선 안 되고, 삼악도의 두렵고 참기 어려운 고통의 내용을 자세히 이해하고 자신의 고통처럼 느끼도록 힘써 사유해야만 한다. 우리가 어떤 환경에 처하여 인과를 무시하고 괜찮다고 여기며 행동하면 안 되고, 이 행위도 인과에 저촉되고 저 행위도 인과에 저촉된다고 여기며 관찰하고 조심하면 부처님의 가르침에 따르는 것이다. 치공탕 린포체께서 "어떤 일이든 해서는 안 될 것 같다고 생각이 들 때 오히려 그 일을 해도 괜찮은 것이고, 어떤 일이든 해도 아무 문제가 되지 않을 것 같은 생각이 들 때는 오히려 절대로 그 일을 해서는 안 된다."라고 말씀하신 것처럼, 말이나 행동을 조심하지 않아도 된다고 생각하면 안 되고, 바른 견해와 판단으로 자기의 몸과 마음을 관찰하여 계율에 어김이 없게 하며 어떤 악업도 짓지 않아야 한다. 어떤 사람은 윤회도 해탈도 눈으로 확인하지 못해서 믿지 못한다고 하나, 뽀또와 게쉐[13]께서 항상 말씀하셨듯이, 선업을 지은 사람은 삼악도에 가지 않으며 고통의 경계 중에 있어도 고통이 자기 몸에 이르지 못하는 반면, 악업을 지은 사람은 삼선도를 찾아도 결코 얻을 수 없다.

우리가 평소에는 지옥 아귀를 볼 수는 없지만, 적천보살 등 많은 선지식들께서 강조하신 것처럼, 임종 시에 자기가 지은 죄과대로 지옥 아귀가 눈앞에 드러나 고통의 함정에 빠져들며, 그때는 발을 빼려 해도 이미 때가 늦은 것이 된다. 이같이 윤회를 믿지 않는 것은 어리석은 마음으로 인한 것이니, 어리석음을 버리고 인과의 법칙을 세심하게 이해해야 한다. 선악 업보에 대해 확신이 없다면 참기 어려운 윤회고에 대해 출리

13　게쉐(格西, Geshe): 한문으로는 선지식善知識으로 번역한다. 티벳불교의 겔룩빠의 승려들이 장기간 수학하여 얻는 일종의 학위이다. 보통 『입중론入中論』, 『현관장엄론現觀莊嚴論』, 계율戒律, 인명론因明論과 『구사론俱舍論』 등 오부대론五部大論에 정통해야 한다.

심을 내기 어렵고 무상보리를 구하기 위해 정진하는 것도 불가능하다. 따라서 우리는 인과법칙에 대해 매우 자세하게 관찰하고 조심하며 출리심을 내야 한다.

9

중사도의 해탈과를 구함

삼유의 안락은 풀끝의 이슬과 같아
본래 순간에 소멸하는 법이니
영원히 변치 않는 해탈과를 증득하고자
지성으로 정진함이 불자행이라네.

三有安樂草尖露水同　삼유안락초첨로수동

本卽須臾壞滅之有法　본즉수유괴멸지유법

爲證永不變遷解脫果　위증영불변천해탈과

致心勤勉是爲佛子行　치심근면시위불자행

　여기서 삼유三有는 생유生有, 중유中有, 사유死有를 말하는데
윤회계를 뜻한다. 윤회계에서 누리는 선업 과보의 안락은 풀
끝의 이슬 같아서 순간에 소멸되어 영원하지 못하는 것이다.
유루 세간의 선업은 잠시이며 영원하지 못하고 견고하지 못해

믿을 만한 것이 못되므로, 진실로 의미 있는 해탈과를 얻기 위하여 부지런히 수행하여야 한다.

윤회계는 선악 인과로 이뤄지고, 무상정등보리를 얻어야만 좋고 나쁜 인과의 순환을 초월하여 구경의 행복을 얻게 된다. 지위가 높거나 부유한 사람일지라도 죽음의 문턱에 이르면 행복하게 여긴 것들이 순식간에 사라진다. 따라서 윤회의 과정 중에서 대하는 일들이 눈 깜짝할 사이 무상한 경계가 됨을 바로 알아차려야 한다. 자기 마음에서 윤회 중의 안락은 무상無常의 자성이므로 해탈의 결과만이 진실로 행복이 되리라고 관찰해야 한다.

『사백론四百論』에서 논설하고 있듯이, 만일 윤회고를 두려워한다면 삼선도(아수라·인간·천상계)도 두려워해야 하는데, 이는 선도의 안락에 대한 집착이 업이 되어 윤회의 늪에 빠져들기 때문이다. 연화생 대사께서 또한 말씀하시길 "윤회의 자성이 본래 두려운 고통인 줄 안다면 이에서 벗어나고자 하는 마음을 내야 한다."라고 하셨다. 윤회에 대한 깊은 이해와 사유에 의하여 윤회의 전체가 고통이라는 결론을 얻음으로써 출리심이 생기고 해탈도에 나아가는 원이 세워지게 된다.

윤회 세계가 불난 집과 같은 줄 알면, 불난 집에서는 달아나는 길 외에 다른 방법이 없는 것과 같이 윤회의 고통을 벗어나고자 하는 출리심이 생긴다. 예를 들어 여기 연용사에 오려고 마음을 먹었다면 다른 생각 하지 말고 이곳 써다현(色達縣)까지 반드시 바로 와야 하는데, 오는 길에 경치에 정신 팔려 여기저기 기웃거리면 어떻게 연용사까지 올 수 있겠는가? 이렇듯 해탈을 구하는 사람은 오직 출리심을 일으키고 불법 수행을 게을리 하지 말고 정진해야 한다.

삼계 유루의 안락에 집착하고 있다면 위없는 부처님 과위는 바랄 수 없으므로 반드시 출리심을 내야 한다. 삼계 내에는 조금도 안락이 없는 것을 관찰하여 알았을 때 육도윤회의 어느 선의 세계에도 집착하지 않고 큰 출리심과 보리심이 생긴다고 무착보살께서 말씀하셨다. 이같이 진실로 윤회에 대한 출리심이 생겨 해탈과를 구하고자 하는 발심이 생길 때 이것이 중사도의 수행이다.

상사도의 무상보리심을 발휘함

무시이래로 자비하신 부모중생이 고통당하는데
자기의 안락이 무슨 소용인가.
이같이 한량없는 중생을 제도하고자
보리심을 발휘함이 불자행이라네.

無始時來於我大慈憫　무시시래어아대자민
諸母痛苦自樂有何用　제모통고자락유하용
故爲救度無量有情衆　고위구도무량유정중
發菩提心是爲佛子行　발보리심시위불자행

우리가 한없는 세월 모친의 몸을 통해 사람으로 태어날 때
마다 모든 중생이 자비와 사랑과 보살핌을 주신 모친이 되었
는데, 이 같은 부모중생이 윤회의 고해에서 큰 고통을 겪고 있
는데 자신만 행복하고 중생을 구제하지 않으면 불보살이 슬퍼

하신다. 세간 일을 예로 들면, 당신의 어머니가 연로하셔서 거동이 불편하고 병이 나 고통을 받고 있는데, 당신은 어머니를 신경 안 쓰고 혼자 다른 곳에서 즐거움만을 구한다면 어떻게 될 것인가? 아마도 다른 사람들은 모두 당신을 비난할 것이고 결국은 당신도 고통을 받게 될 것이다.

일체 여래께서는 우리가 삼보에 귀의하여 불법을 수행할 때 모든 중생에게 해탈의 이익을 주기 위하여 보리심을 발휘해야 한다는 것을 알고 계신다. 그러기에 자기의 해탈을 위해 중생의 고통을 돌아보지 않으면 보살의 길이 아니고 불보살이 기뻐하지 않기에, 우리는 불보살께서 발심하신 것과 같이 중생을 윤회의 굴레에서 구해 주고자 발심해야 한다.

우리가 발심할 때는 마음속으로 몇 가지 바른 이해를 갖추어야 한다. 우선 모든 중생이 우리의 '부모'였다는 확신을 가져야 하고, 둘째 부모님에게 '보은'하고자 하는 마음을 일으켜야 하며, 마지막으로 그들을 고해로부터 구해 주고자 하는 '연민심'이 생겨야 한다. 수행자는 무변 중생을 구제하고자 하는 광대한 발심을 일으킬 수 있는 대승의 마음에 의지하고, 세간을 탐하거나 일신의 해탈을 구하는 성문·연각을 탐하지 않으며, 무상보리심을 내어 일체 중생을 해탈의 피안으로 인도해야 한다. 우리가 발심하는 것이 중생 성불을 위함인가 혹은 자기 해탈에 집착하는 것인가를 잘 관찰하고, 무상보리를 성취하고 무량 중생을 구제하기 위해 발심한 것임을 확인하여 수행하면 정견正見에 부합하게 된다. 즉 잠시 먼저 자기의 해탈성취를 위하나, 그 해탈이 결국에는 일체 중생이 무상보리를 얻어 구경에 이르게 하기 위함이라면, 이것이 진실한 보리심인 것이다. 이것은 바로 『보성론寶性論』에서 "타인에게 이익이 되기 위하여 발심을 하면 깨달음을 원만히 얻을 수 있다."고 설한 바와 같다.

대승도를 수행하는 사람은 두려움 없는 용맹심으로 보리심을 내어 일체 중생과 자기 자신이 함께 구경의 원만한 깨달음을 얻기를 원하는 마음으로 발심해야 한다. 윤회에 대해 속임 없는 진실한 출리심을 내고, 일체 중생에 대해 거짓 없는 대비심을 낼 때 자연히 해탈도에 들게 된다. 『입보살행론』에서 적천보살께서 말씀하시길 "보리심을 일으킨 모든 수행자는 세간으로부터 마땅히 정례를 받을 수 있다."라고 하였다. 수행자가 진실로 보리심을 내면 모든 선행이 다 보리심으로 섭수되므로, 곡식 한 알의 보시일지라도 보리법행菩提法行이 되고 깨달음의 연緣을 만드는 것이 된다. 만일 보리심을 발하지 않으면 이 세상의 모든 귀한 재물을 보시해도 윤회의 원인인 유루 선업이 될 뿐이다. 이러한 유루 선행은 보리법행과 차이가 크므로 진실한 보리심을 발하는 것이 매우 중요하다.

아래는 「발보리심율의」의 게송문이다.[14]

「발보리심율의發菩提心律儀」

시방삼세 대해탈 정등각과
십지보살 마하살과
모든 금강지의 근본스승께 가피 주시길 기원합니다.

住於十方之一切諸佛薄伽梵
　　주어시방지일체제불박가범
以及一切住於十地諸大菩薩摩訶薩
　　이급일체주어십지제대보살마하살
大持金剛諸上師祈請於我作憫念
　　대지금강제상사기청어아작민념

이상은 "증명證明" 부분으로, 제불보살 및 스승님께 우리가

보리심을 발하는 것을 증명해 주시기를 청하는 것이다.

깨달음의 과위에 이르도록 부처님께 귀의합니다.
정법과 보살들께 또한 이같이 귀의합니다. (3번)

乃至未得菩提中 於諸佛陀作皈命
　　내지미득보리중 어제불타작귀명
正法菩提薩埵衆 亦復如是作皈命
　　정법보리살타중 역부여시작귀명

이상은 "귀의皈依" 부분으로, 세세생생 삼보에 귀의할 것을 서원하는 것이다.

과거 모든 부처님께서 보리심을 발하시고
순서에 따라 보살학처에 머무시어 중생 제도하시듯이,
나도 보리심을 발해
불보살행 본을 받아 부지런히 행하겠습니다. (3번)

隨其往昔諸善逝 生起無上菩提心
　　수기왕석제선서 생기무상보리심

菩提薩埵諸學處 依彼次第而安住
　　보리살타제학처 의피차제이안주
如是爲諸衆生益 菩提心者令發起
　　여시위제중생익 보리심자령발기
亦於如彼諸學處 如其次第作學修
　　역어여피제학처 여기차제작학수

이상은 보리심을 일으키고 차제에 따라 보리심을 실행해 나
갈 것을 "서원誓願"하는 부분으로, 이것을 염송함으로써 보살
계를 받게 된다.

선업의 과보로 금생에 제가 사람 몸 받아 불교 집안에 태어
나 부처님 제자 되니
이후 부처님 사업 행하며 청정하고 존귀한 종성을 오염시
키지 않겠으며,
이는 눈먼 사람이 지극한 보배 얻은 것과 같이 귀한 일이니
보리심을 일으키고자 합니다.

今世我具善業果 得以善妙人中生
　　금세아구선업과 득이선묘인중생

96

今日超入佛種性 願速成爲諸佛子

    금일초입불종성 원속성위제불자

從今我隨何所作 作業隨順此種姓

    종금아수하소작 작업수순차종성

無有過咎極尊貴 不爲濁染應如是

    무유과구극존귀 불위탁염응여시

如有盲者於堆中 摸索獲得大寶同

    여유맹자어퇴중 모색획득대보동

如是隨何觀察已 菩提心者我發生

    여시수하관찰이 보리심자아발생

이상은 "스스로 수희隨喜"하는 부분으로, 불법을 만나 이제 보리심을 일으켜 행하기를 서원하였으니 기쁜 마음으로 스스로를 찬탄하는 것이다.

이제 일체 불보살님 앞에서

중생을 귀중한 손님으로 맞아 모두 제도하길 서원하였으니,

일체 천인 및 비천인 모두

기뻐하며 찬탄합니다.

如今我於一切救怙前　여금아어일체구호전
誓度衆生成就善逝位　서도중생성취선서위
其間如客敬請令安穩　기간여객경청령안온
一切天非天等令歡欣　일체천비천등령환흔

이상은 "타인이 수희隨喜"하는 부분으로, 모든 중생을 제도하려는 보리심을 발휘하였기에 일체 삼보와 스승, 천인 및 비천인, 호법신 등이 기쁜 마음으로 찬탄하며 보호해 주실 것을 청하는 것이다.

보리심의 묘한 보배 생기지 않은 자는 생기게 하고,
이미 생긴 보리심은 손상되지 않고 더욱 자라게 하며,
보리심을 버리지 않고 보살도에 몸을 맡기오니
제불께서 이끄시어 마업을 끊어주시며,
보살의 여의 지혜로 중생 제도하기를 원하며,
이 같은 발원으로 모든 중생이 부처님의 가피를 얻게 되기 바랍니다.

勝菩提心仁波切 未發生者令發生
　　승보리심린포체 미발생자령발생

已生起者無壞損 生而復生令增勝

　　이생기자무괴손 생이부생령증승

與菩提心不分離 安住菩提之法行

　　여보리심불분리 안주보리지법행

諸佛悉皆圓滿攝 諸魔事業願止遮

　　제불실개원만섭 제마사업원지차

一切菩薩摩訶薩 衆生義利願憶念

　　일체보살마하살 중생의리원억념

隨其怙主所憶念 於諸衆生願圓滿

　　수기호주소억념 어제중생원원만

중생이 해탈락을 누려

삼악도가 다하기 원하오며,

모든 십지 보살님들도

이와 같은 발원을 성취하여지이다.

唯願一切有情具安穩　유원일체유정구안온

亦願一切惡趣恒空盡　역원일체악취항공진

隨住何地菩提薩埵尊　수주하지보리살타존

彼等誓願普皆如願成　피등서원보개여원성

이상은 「발보리심율의」의 "발원發願 및 회향回向"하는 부분
이다. 이상으로 「발보리심율의」의 전수를 마친다.

자타상환을 수행함

모든 고통은 아집에서 생기고
원만한 큰 깨달음은 보리심 때문이니
자신의 공덕을 타인의 불행과
경건하게 바꾸는 것이 불자행이라네.

無邊痛苦希求己樂生   무변통고희구기락생
圓滿大覺成由利他心   원만대각성유이타심
故將己樂與他諸苦痛   고장이락여타제고통
眞實相換是爲佛子行   진실상환시위불자행

세간에서 자신의 이익을 구하는 것이 고통의 원인이 되므로, 남을 아끼고 지키며 자기의 탐욕을 없애면 진정으로 원만한 불과를 성취하게 된다. 우리는 자신의 이익을 생각하지 않고 중생의 행복과 해탈을 위하여 발심하여 선업을 닦고, 모든 선업을 중생에게 회향하고 그들의 불행을 다 떠맡겠다는 자타상환의 발심을 해야 한다. 적천보살이 말씀하시길 "자기 자신의 모든 안락을 중생에게 주고, 중생의 모든 고통을 자신이 모두 대신 받는 것이 일체 제불의 보살행"이라고 하셨다.

윤회 가운데 고통받는 모든 중생은 자기 행복만 구하므로 윤회의 업보를 받는다. 그렇다면 성불하는 인연은 무엇인가? 자기에 대한 탐욕스런 집착을 철저히 버리고 남을 연민히 여기는 것이다. 이것이 적천보살이 말씀하신 바 "수행자는 자기의 생각을 살피되, 일어나는 생각이 자기 이익을 위한 것인지 남의 이익을 위한 것인지 점검하여 이기심은 버리고 이타의 마음을 일으키면 원만한 큰 깨달음을 얻게 된다."고 하신 것이다. 우리가 평소에 의복, 음식, 집, 친구, 명성 등과 관련하여 자기를 위하는 생각과 행위를 하는 것이 윤회의 원인이 되므로, 이런 해로운 생각을 버리고 중생의 이익을 위하여 발심하는 것이 바로 보리심이다.

적천보살이 말씀하신 것처럼 "자신의 이익을 중생에게 돌리는 자타상환의 수행을 실행하지 않으면 성불할 수 없을 뿐만 아니라 윤회 업보에 빠져 진정 영원한 행복을 얻기 어렵다." 수행자는 자신과 남을 구별하여 자기를 애호하는 나쁜 생각을 버리고 일체 중생의 이익을 위하여 발심하며, 남을 대하기를 자신과 같이 해야 한다.

자기에 대한 집착, 즉 아집은 나쁜 생각의 근본이 되며, 이로 인해 번뇌가 생기며 윤회의 고통을 받아 깨닫기가 어렵게 된다. 아띠샤 존자의 말씀처럼 '자기에 대한 탐애와 집착이 일체 삼독번뇌가 생기는 원인'인 것이다. 친한 사람에게는 집착하고 미워하는 사람은 적으로 여기는 것은 옳지 않다. 달갑지 않은 일은 자기가 떠맡고 자신이 아끼는 귀한 것은 보시하며, 모든 이익과 은덕은 남에게 양보하고 재난, 불행, 불쾌함은 자기가 짊어지며, 자기보다 더 많이 남을 보호해야 한다.

첸다와 존자가 이르시길 "세상의 일체 모든 것은 우리의 아집에서 비롯된 것이니 우리는 반드시 모든 중생들에게 감사해야 한다."라고 하였는데, 이는 무슨 뜻인가? 모든 중생은 우리로 하여금 보시와 연민을 수행하게끔 하는 존재이고, 그들로 인하여 성불의 자량을 쌓을 수 있으므로 우리는 모든 중생들에게 감사해야 한다는 것이다. 이렇듯 깨달음의 근본은 자타상환 수행에 있다. 예를 들어 자신이 병이 나서 고통을 당할 때에도 모든 삼악도의 중생의 고통을 가져와 자기 몸에서 성숙시켜 대신하기를 원하고, 무량겁 이래 자신의 모든 선업과 착한 인연을 중생들에게 대가 없이 회향해야 한다. 우리는 우리

자신의 명성과 이익을 위해 선법을 수행하면 이것이 윤회의 인䇢이 되고, 고통받는 중생에 대한 연민심으로 자신의 선업을 모두 중생에게 회향하면 이것이 진정한 불자행이 됨을 알아야 한다.

12

재산을 강탈당한 일을 해탈도의 수행으로 바꿈

만약 어떤 사람이 탐욕심으로
나의 재산을 빼앗거나 남을 시켜 뺏어도
몸과 재물 등 삼세 선근을
마땅히 그에게 회향함이 불자행이라네.

若有誰人以大貪求心 약유수인이대탐구심
盡奪我財或令他奪等 진탈아재혹령타탈등
當以身及受用三世善 당이신급수용삼세선
回向其人是爲佛子行 회향기인시위불자행

우리가 강도를 만나 귀중품을 뺏겨도 화내지 않고, 생각을
가다듬어 강도가 인욕 수행을 하게 해준 것을 고맙게 생각하
며, 자기의 몸, 재물, 선근 등 모두를 강도의 해탈도를 위해 회
향한다면 재난과 원한의 위기를 수행의 기회로 바꾸는 지혜로

운 일을 한 것이다.

"수행자는 해탈을 구할 뿐 명성과 이익을 구하지 아니하기 때문에 남이 자신의 물건을 뺏고 때릴지라도 화내거나 원망하지 않고 연민과 사랑의 마음을 내야 한다."라고 적천보살께서 말씀하신 것처럼, 수행자는 어떤 경우에도 어머니가 자식을 대하듯 중생을 용서하고 가슴 아파해야 한다. 또한 남에게 해침을 당하는 것은 과거의 생애에 그를 해친 과보를 받는 것이므로 화낼 필요가 없으니, "내게 상해를 입힌 사람에게 오히려 화를 낸다면 언제 다시 이런 인욕 수행의 기회를 만날 수 있을 것인가!"라고 아띠샤 존자께서 경계하여 말씀하신 바 있다.

육바라밀의 인욕 수행은 어떠한 것인가? 일상생활에서 도둑이나 모욕, 비난, 위협, 구타 등 원치 않는 일을 만났을 때 마음이 법에 머물러 화내지 않고 참으며 그대로 포용하여 받아들이는 것을 말한다.

수행자는 죽음의 위험이나 심한 고통에 처하여도 남을 원망하거나 화내지 말아야 하고, 모든 재산, 명성, 지위 등에 대한 집착을 완전히 버리고 항상 즐겁고 평온한 마음을 유지해야 하며, 체면을 지키려 하거나 세간의 행동을 좋아하는 등 여법하지 못한 행위를 피해야 한다. 즉 수행자는 모름지기 장애와 억울함을 당할 때 자신의 몸과 생명, 재물, 귀중품, 삼세에 모은 선근 등을 모두 모아서 중생이 윤회의 고통에서 벗어날 수 있도록 회향해야 하는 것이다.

13

자기 잘못이 없어도 죽임 당하는 고통을
인욕 수행으로 전환함

비록 자신에게 작은 잘못도 없을지라도
적이 내 머리를 베어내려고 하면
대비의 힘에 의지해 그의 모든 죄를
자기가 대신 받는 것이 불자행이라네.

已雖未作絲毫過失等　이수미작사호과실등
他人卻欲令我身首分　타인각욕령아신수분
藉大悲力將彼一切罪　자대비력장피일체죄
受取自身是爲佛子行　수취자신시위불자행

자신에게 과실이 없음에도 불구하고 상대가 나를 죽이려고
할 때가 자기 전생의 악업 과보를 청정하게 만들 수 있는 좋은
기회가 되는 것이니, 화내어 상대를 해치고자 하지 말고 그를
불쌍히 여기고 인욕을 수행해야 한다. 그가 자신을 해침으로

받을 수 있는 모든 악도의 고통 과보까지 자신이 대신 받겠다는 자비의 원을 세움으로써 고통을 도의 방편으로 삼아 수행해야 한다.

부처님께서 과거 인욕선인으로 수행하실 때 이야기이다. 당시 왕은 색웅국왕索雄國王이었는 데, 어느 날 국왕과 왕비 및 대신들이 산속으로 행차를 나갔다가 좌선하고 있는 인욕선인을 만났다. 그 모습을 본 왕비가 "그대 이름은 무엇입니까?"라고 묻자, 인욕선인이 "제 이름은 인욕선인입니다."라고 답하였다. 거룩한 인욕선인의 모습을 보고는 존경심이 일어난 왕비는 그 자리에서 선인에게 정례를 올렸다. 어느 신하가 이 광경을 보고 국왕에게 알리자, 국왕은 어떻게 왕비가 그 선인에게 그렇게 정례를 올릴 수 있느냐고 크게 화를 내며 바로 선인을 잡아오도록 하였다. 선인이 붙잡혀 오자, 국왕은 "그대 이름이 인욕선인이라 하던데, 무엇을 인욕할 수 있다는 것인가?"라고 물었다. "저는 그 어떤 고통도 다 받아들이고 참을 수 있으며, 아울러 자비심을 같이 수행하고 있을 뿐입니다."라고 인욕선인이 답하였다. 이에 국왕이 말하길 "좋다, 그대가 얼마나 고통을 참을 수 있는 지 한번 봐야겠다." 하면서, 선인의 한손을 도끼로 찍어내고 넓적다리를 베어내게 하고는 "그대는 이래도 참을 수 있다는 건가?"라고 다시 물었다. 선인은 "제게는 참을 수 없는 것이 없습니다. 다만 오늘 이렇게 제게 신체적인 고통을 주신 인연으로 미래에 인연이 성숙되면 국왕께서 같은 고통을 받을 것이니 참을 수 없는 비심悲心이 일어납니다. 저는 불법 수행자로서 미래에 선업을 성취하여 해탈의 불과를 얻을 것이기에 그 어떤 고통도 없을 것이니, 그저 국왕께 더욱 특별한 연민심이 일어날 뿐입니다."라고 답하였다. 그러자 국왕은 더욱 분노하여 선인의 사지를 모두 잘라내어 버렸다. 선인은 이미 대보살지에 이른 대성취자였기에 그의 몸에서는 피 대신에 우유같이 하얀 혈액이 흘러나올 뿐이었다. 이상하게 생각한 국왕이 그 이유를 묻자, 선인이 답하길 "저는 수많은 생을 그저 중생에 위한 자비심을 수행해 왔기에 그 어떤 고통도 없고 이런 신묘한 과보를 얻었습니다. 국왕께서 제 신체 마디마디를 모두 잘라낸 오늘의 인연으로 저는 발원하오니, 미래에 제가 무상보리의 구경불과를 얻게 되면 제 지혜의 보검과 국왕의 아집을 맞바꾸어 국왕의 모든 분별심과 악한 습기를 모두 소멸시켜버리고, 국왕은 제게 제도를 받는 최초의 제자가 될 것을 기원합니다."라고 말하고 죽었다. 그러자 대지가 진동하고 하늘에서는 만달라 꽃비가 내렸다. 이런 인연으로 석가모니 부처님에 성도를 한 후 처음으로 교화한 다섯 제자 중 한 사람인 교진여喬陳如 성자가 당시의 색웅국왕이었던 것이다.

이렇듯 그 어떤 상해를 만나더라도 타인을 위한 보리심을 내는 것이 보살도의 길이다.

중돈빠 존자께서는 "몸이 천 개의 조각으로 잘려도 성내지 않고 인욕을 수행해야 한다."고 말씀하신 적이 있고, 쩽아와 게쉐께서도 "수행자에게 쾌락은 고통의 원인이 되므로 쾌락을 모두 일반인에게 보시해야 한다."고 하신 바 있다. 세간인은 고통을 싫어하고 쾌락을 좋아하지만, 수행자는 고통이나 몸의 병을 싫어하지 않고 환희의 마음으로 수행의 경계로 삼아 과거생의 죄를 소멸하고 무상보리를 이루는 자량으로 삼는다.

보살은 몸의 병과 마음의 괴로움, 적이나 귀신의 해침, 잘못한 것 없이 해를 입는 등 불쾌한 일을 당할 때마다 이것을 좋은 수행 경계로 알아 인욕을 닦는다. 카락공총 린포체께서 "기쁜 일은 과거 선업으로 인하여 생긴 것이고, 고통을 당하는 것은 과거의 악업의 결과로 인하여 생긴 것이므로 수행의 도움이 되는 경계로 삼아야 한다."라고 말씀하였듯이, 우리가 만나는 그 어떠한 고통도 환희심으로 맞이할 수 있다면 모든 업장을 능히 없앨 수 있다.

비방을 수행의 경계로 바꿔 씀

만약 어떤 사람이 자신을 비방하여
삼천세계에 알려도
마땅히 자비의 힘으로써
그의 공덕을 말해 주는 것이 불자행이라네.

若人於我說諸不悅音　약인어아설제불열음
遍及三千世界作宣稱　편급삼천세계작선칭
然而當以慈愍之心力　연이당이자민지심력
說彼功德是爲佛子行　설피공덕시위불자행

　사람들이 자기를 모함해 비난하는 내용을 온 세상에 알리고
또 자기의 조그만 실수나 결함을 가는 곳마다 선전하여도, 그
에 대해 화내거나 보복할 마음을 내거나 그를 비방할 마음을
낼 필요가 없고, 그들에 대해 자비심과 환희의 마음을 내고 그

의 공덕을 칭찬하고 알려준다면 이것이 보리심의 행위이고 비방하는 말을 굴려 수행의 방편을 삼는 것이 된다.

남이 자신을 공경하지 않고 헐뜯으며 괴롭혀도 모른 체하며, 이 같은 일이 모두 자기가 과거에 지은 구업의 과보임을 알고 그들의 공덕을 생각하며 칭찬하여 말하면 된다. 우리가 듣기 싫은 말을 듣는 것은 전생에 상대를 헐뜯는 말을 한 과보이다. 남섬부주의 모든 사람이 자신을 칭찬한다고 해도 임종 시에 자신의 수명이 일분도 더 연장되지 못하고 공덕도 늘어남이 없으므로 명성에 집착할 것 없으며, 남들이 나를 헐뜯어도 나의 과실이 더해지지 않으므로 아띠샤 존자의 말씀처럼 '일체의 비방하는 말은 빈 골짜기의 메아리'로 여기면 된다.

모든 찬양과 비방은 실질적으로 어떤 실재 의의도 없으므로 모두 방치하면 된다. "모든 명성은 마귀가 자신을 속이는 것이며, 명성이 번개 치듯 번쩍이면 장애는 벼락 때리듯이 떨어진다."고 아띠샤 존자께서 경계하셨다. 예를 들어 국내외에서 나는 "연용상사"라는 이름으로 명성이 높고 많은 사람들이 찬탄하고 그러는데, 실제로 이것은 아무런 의미가 없으며, 이런 명성은 마귀의 병기와 같고 그저 장애가 벼락처럼 떨어질 뿐이다. 그러기에 우리 보살도를 수행하는 사람들은 어떤 비방에도 연연하지 말고 참는 인욕을 행하기를 서원해야 한다.

15

사람들이 자기 허물을 들춰내는 것을
수행의 경계로 돌림

상대방이 사람들에게
자기의 과실을 나쁜 말로 알리면
진실로 그를 선지식으로 여겨
공경하여 예 올리는 것이 불자행이라네.

卽或有人從於衆會中　즉혹유인종어중회중
揭發過失宣說惡語等　게발과실선설악어등
於彼當生眞善知識想　어피당생진선지식상
恭敬頂禮是爲佛子行　공경정례시위불자행

　어떤 사람이 악업이나 악한 생각의 작용으로 많은 대중을
향해 나 자신이나 내 권속에 대해 심하게 비방하는 말을 하면,
자신의 생각을 가다듬어 이들이 모두 자신의 청정한 보리 발
심을 위해 출현한 선지식임을 알아 청정한 업력의 경계로 삼

는다. 그리하면 비방이 가피로 변하고 상대는 감사한 마음을 내게 된다.

상대가 자기 허물을 사방에 알릴 때, 또는 많은 사람들이 비난할 때 어떻게 하면 화내지 않고 그들을 선지식으로 여겨 감사할 수 있겠는가? 어떻게 나의 허물을 말하는 내용을 자신을 위한 교훈으로 받아들이겠는가? 남이 자기 과실을 말할 때가 자신을 돌아볼 수 있는 좋은 기회이며 진실로 인욕 수행을 할 수 있는 좋은 기회인 것이다.

일반인은 많은 사람이 비난하는 것은 말할 것도 없고, 단 한 사람이 자기를 직접 대면해서 말하는 것도 아니고 자신이 없는 배후에서 비난해도 화내며 참지 못한다. 이는 자기 내면에 이 같은 허물이 있어 수행의 과정에서 조복시켜야 할 번뇌가 많다는 것을 드러내는 것이다.

아띠샤 존자께서 말씀하시길 "수행자에게는 자기의 허물을 말하는 사람이 곧 선지식이며, 그 순간이 곧 비결구를 얻는 것이고 가피를 받는 것이다."라고 하셨다. 수행자가 만일 자기의 허물을 관찰하지 않고 남이 자기를 비난하는 것에만 마음 쓰면 그 마음이 정법에 안주하기 어렵다. 수행자는 자기의 허물을 말하는 사람을 스승으로 여기고 그 허물의 내용을 구전의 규결로 삼고 수행해야 하며, 모든 이익과 영광을 남에게 돌리고 일체 실패의 결과는 자기가 떠맡아야 한다.

　사람들은 보리심을 말하나 실지로 이익은 자기에게 돌리고, 선업을 말하나 손해가 나거나 억울한 일은 남에게 돌리며, 남들에게 위선적이고 질투심이 많고 남들이 조금만 잘못해도 미워하고 한을 품으며, 마음이 청정하지 못하여 마음 가운데 악습이 견고하여 조복하기도 어렵고 습기의 발동을 잘 관찰하지도 못한다. 과거에 츄양 린포체라는 큰 스승님이 계셨는데, 이분은 일부러 제자들에게 억울한 누명(예를 들어 "네가 내 물건을 훔쳐갔지?" 등을 면전에서 직접 물어봄)을 씌우고는 제자가 어떻게 반응하는지를 점검하셨다. 또한 어느 유명한 게쉐는 제자들에게 일부러 모욕을 주고 어떻게 인욕하는지를 점검하였는데, 화를 내지 않고 인욕하며 자신의 잘못을 점검하는 사람만 제자로 삼아 곁에 두었다. 이렇듯 우리는 마음을 조복하기 위해 남에게 모욕이나 구타를 당하고도 화내지 않는지 반복해서 관찰하고 생각하며 번뇌를 항복시키는 데 온 힘을 다해야 하니, 이것이 진정으로 수승한 수행 규결이다.

　위와 같은 방법을 이해하고 실천함에 있어서 상근기는 하루면 습관을 바꾸고, 중근기는 한 달, 하근기는 1년이면 나쁜 습관을 바꿀 수 있다.

16

은혜를 원수로 갚는 일을 수행의 소재로 삼음

친자식같이 보호해 준 사람이
자신을 적으로 삼아 대하여도
모친이 병든 자식 돌보듯
그를 자비심으로 대하는 것이 불자행이라네.

若我猶如親子愛護者 약아유여친자애호자
返而視我如同見敵人 반이시아여동견적인
待之如母看護患病子 대지여모간호환병자
猶加慈憫是爲佛子行 유가자민시위불자행

어떤 사람의 해탈을 도와주거나 혹은 세간의 은덕을 베풀었
는데 도리어 그가 자신을 해치려 하더라도, 이미 보리심를 발
한 사람은 그를 정신병이 있는 친자식처럼 대하고 마음 아파
하며, 화내지 않고 더욱 관심을 가지며, 보리심의 원을 더하고

자비 모친의 발심을 해야 한다. 대비심으로 인하여 그의 잘못을 보지 않고 도리어 자애와 연민의 마음을 낸다면 이는 불자가 받들어 행하는 희유한 수행의 길이 된다.

『사백론』에서 논하기를 "수행자가 악한 경계를 만나 그것을 수행의 방편으로 삼을 때, 그가 얼마나 큰 상해를 나에게 입혔든지 혹은 내가 그에게 그전에 얼마나 큰 노력을 들였는지 간에 그의 악행에 대해 잘 인욕하는 것이 성자의 행위이다."라고 하였다. 또한 아띠샤 존자님께서도 말씀하시길 "수행자는 악한 경계를 만났을 때 참지 못해도 안 되며, '더 이상은 못 참겠다'라고도 말해서는 안 된다."라고 하셨다. 평소 우리가 많은 일을 당할 때 작은 일에 대해서는 잘 참지만, 자신이 큰 이익을 준 어떤 사람이 오히려 자신을 크게 해치는 일을 당하면 크게 화를 내며 '참지 않겠다!'고 생각하게 되는데, 이는 인욕에 대한 관찰이 부족하고 보리의 발심이 없기 때문이다. 우리가 사는 환경은 모두 인욕의 경계이고, 이 모두가 보리심을 증장시키는 인연이 되므로 선근을 쌓는 행을 잘 관찰하고 판단하며 이에 안주해야 한다.

상대가 속이고 업신여김을 수행의 경계로 삼음

자기와 동등하거나 자기보다 아랫사람이
아만으로 자신을 업신여겨도
스승같이 정수리에 모시고
공경하는 것이 불자행이라네.

與已平等及或低下衆　여이평등급혹저하중
以我慢力於我作欺淩　이아만력어아작기릉
將彼如同上師置我頂　장피여동상사치아정
極其恭敬是爲佛子行　극기공경시위불자행

　문화 수준이 자신보다 못한 사람이 자기를 얕잡아보거나 혹
은 과실을 지적할 때 우리는 대개 참기가 어렵다. 이때 우리는
보리심 서원을 기억하고, 아만심으로 인해 빚어진 그의 잘못
을 관용으로 대하고, 은혜의 스승을 정수리에 모시듯 바로 공

119

경심을 내어 그를 대접해야 한다.

　『사백론』에서 논하기를 "상대가 자기의 잘못을 말할 때, 이 것이 악업의 경계인 것을 파악하고 인욕 수행의 대상으로 삼 고 안주한다."고 하였다. 즉 다른 사람이 자기의 잘못을 들춰내 말하는 것을 참기란 매우 어려운 일이지만, 평소 자신의 허물 을 잘 관찰하여 파악하고 있다가 남이 자신의 허물에 대해 말 할 때, 그것이 자기 악업의 극히 일부분임을 알고 인욕 수행의 수승한 방편으로 삼아야 하는 것이다.

　자기보다 못한 사람이 자신을 멸시하여 참기 어려운 진심이 일어나는 경우도 마찬가지이다. 아집의 인연으로 진심이 일어 남을 알아 화내지 말고 보리심을 일으켜 자비심으로 상대를 포용하며, 그에게 진실로 감사한 마음을 내어 잘 대처하면 된 다. 즉 수행자는 어떤 바깥 경계를 만나도 굳건한 서원으로 자 신의 마음을 다스리고 바깥 경계에 휩쓸리지 않으며 보리심을 견고하게 하고 자기 마음을 잘 관찰해야 하는 것이다.

18

빈곤과 병마를 수행의 경계로 삼음

가난하여 남에게 멸시당하고
병고와 마장을 자주 만나도
중생의 이와 같은 고통을 대신 받는다고 생각하여
조금도 두려워하지 않는 것이 불자행이라네.

生活貧困他人常欺淩 생활빈곤타인상기릉
遭受艱辛病痛魔障頻 조수간신병통마장빈
返將衆生苦樂攝自身 반장중생고락섭자신
毫無畏懼是爲佛子行 호무외구시위불자행

～～

　자신이 과거에 지었던 각종 악업의 과보로 의복과 식량이
부족하고 타인의 멸시를 받으며, 병고가 심하고 마장이 자주
자기를 범하여 매우 힘든 상태가 되면 보살행을 배우는 수행
자는 어떻게 이에 대처할 것인가? 자신이 받는 이 같은 고통에

대해 집착하지 말고 보리심을 내어 비슷한 업보로 이 같은 고통을 받는 중생들의 과보를 자신이 대신 받겠다는 서원을 발해야 한다. 수행자가 이 같은 장애를 만나면 충격을 받고 절망하여 도피하려는 생각을 일으키기 쉽지만, 바른 생각으로 고통이 없이는 출리심을 낼 수 없음을 관찰하고, 고통을 수행의 방편으로 돌려서 일체 중생의 고통을 대신 받는 수행을 해야 한다.

연화생 대사께서 "장애와 고통 없이는 깨달음도 없다."고 말씀하신 것처럼, 자신의 고통의 경계로 모든 고통을 대신 받고자 하는 용기를 내어 보리심의 힘을 포기하지 않아야 한다. 수행자는 모름지기 넉넉해도 집착하지 않고 고난의 경계에도 낙담하지 않으며, 고통과 행운의 마음 경계에서 발심의 용기를 잃지 않을 수 있는지를 반복해서 관조해야 한다.

19

풍족함을 수행의 방편으로 삼음

널리 이름이 알려져 많은 사람이 존경하고
재물 복이 비사문과 같이 많아도
세상의 풍족한 것은 견고한 것이 못되니
교만하지 않는 것이 불자행이라네.

美名傳布衆皆作禮敬 미명전포중개작예경
獲得財寶等同毗沙門 획득재보등동비사문
但見世間豊譽非堅實 단견세간풍예비견실
了無驕矜是爲佛子行 요무교긍시위불자행

이 게송이 설하는 것은 선업의 인연 때문에 물질과 재보가
풍족하고 오래 살며 명예도 높아져서 사람들이 당신을 존중하
더라도 집착심을 내지 말아야 한다는 것이다.

보살행자는 현상계가 환이며 고통과 즐거움이 동등한 것인

줄을 알아야 한다. 즐거움에 집착하는 것도 윤회의 인이 된다. 유위법의 재보, 명성 등은 모두 자성이 없으며 견고하지 못한 것이므로 자만을 버리고 그 무엇에 집착함도 없이 삼보에 헌신해야 한다.

평소에 우리는 자신의 마음작용을 잘 살피지 못하고 조금 순조로우면 교만해져서 보리심이 손상된다. 따라서 만일 어떤 풍족한 경계가 나타나면 이것이 인연으로 생긴 것인 줄을 알고 집착하지 말아야 하나니, 이를 탐하는 욕심을 내면 윤회의 업을 지어 윤회도에 떨어지는 것이다.

랑리탕빠 게셰께서 말씀하시길 "해탈을 구하는 사람이 탐욕의 경계를 만나면 무상의 자성인 줄 알아 집착하지 않는 것이 보살의 법행이다."라고 하셨다. 그러므로 우리는 언제나 자기의 생각을 잘 지켜 몇 마디 칭찬의 말이나 조금 풍족한 것에 집착하지 말아야 한다. 또 고통스러울 때에도 고에 집착하지 말고 '고락이 평등한 경계(苦樂平等)'에 안주해야 한다.

우리가 평소에 자신의 마음 경계를 자세히 관찰하지 않으면 쉽게 바깥의 겉모양에 따라서 마음이 망상에 표류하게 되어 자기의 마음을 조복하지 못하고 불법의 견고한 신심을 잃게 된다. 그러므로 우리는 수행할 때 꾸준히 자기의 마음을 관찰하고, 조그만 공덕으로 인한 칭찬의 자성이 무상한 줄 알아 집착하지 말고 자신의 강렬한 신심에 의지해 대치해야 한다. 마음이 아만을 일으키므로 자신의 마음을 조복하면 자연히 아만이 자기를 구속하는 데서 벗어나게 된다. 이와 같이 자기의 마음을 잘 관찰하고 자기의 마음을 잘 항복시키는 것이 불자행이다.

20

분노와 원한을 수행으로 돌림

자신의 탐진치를 항복시키지 못하면
외부의 적을 조복해도 원한은 늘어만 가니
자애와 연민의 힘으로
자기의 업을 항복시키는 것이 불자행이라네.

自心貪嗔敵怨未調服   자심탐진적원미조복
調服外界敵怨反增勝   조복외계적원반증승
故而當以慈愛悲心軍   고이당이자애비심군
調伏自續是爲佛子行   조복자속시위불자행

자신에게 가장 두려운 적은 화내는 마음이다. 자기의 업에
따라 나타나는 외부의 적은 연이어 끊임없이 나타난다. 따라
서 자기가 먼저 생각을 바꾸어 스스로의 허물을 살피고 중생
의 고통을 생각하여 일체 중생이 행복하길 바라는 자심慈心을

내고, 중생이 고통에 벗어나기 원하는 비심悲心을 내어야 한다. 자심과 비심으로 자신을 조복하면 외부의 적은 자연히 없어진다.

화는 자기 마음의 업 때문에 나는 것이다. 마음에 화냄의 근원이 없어지면 적들도 소멸된다. 외부로부터 자신을 괴롭히는 적을 항복시키고자 하면 적이 더욱 많아지나, 마음을 내면으로 향하고 '자기의 마음(自心)' 하나를 항복시키면 모든 것이 해결된다. 화가 날 때 왜 그런지 분석하고 자신의 마음이 부드럽게 조복되었는지 관찰하면 자연히 화냄이 가라앉고 안정되어 적이라는 망념도 소멸된다.

적천보살께서 비유하여 말씀하신 것처럼, 만일 우리들이 맨발로 가시밭길을 가야 할 때 가죽으로 그 길을 모두 다 덮으면 문제없이 갈 수 있겠으나, 이것은 실제로는 불가능한 일이다. 그러나 만일 가죽으로 된 신발을 신으면 어느 가시밭길이든 아무런 문제없이 갈 수 있다. 이렇듯 마음을 잘 관찰하고 조복하여 자기의 마음으로 하여금 청정한 바른 생각에 안주하게 하면 바로 바깥의 분별을 여의게 된다. 자기 마음을 잘 조복하지 못하면 마음이 곧 적이 되는 것이기에 우리는 외적인 마귀, 마왕, 요정 등이 자기를 해친다고 말하지 말아야 하나니, 이는 자기 망념이 나타남이고 외부의 어느 것도 자기를 해칠 수 없기 때문이다. 자기 마음의 조복이 모든 외부의 적을 항복시키는 최고의 방편이 되는 것이다.

21

탐심을 수행으로 돌림

애욕의 습성은 소금물 같아
쓰면 쓸수록 갈증을 더하므로
애착을 일으키는 모든 물품 등을
마땅히 버리는 것이 불자행이라네.

貪之功德猶如鹽水同　탐지공덕유여염수동
隨所飮用幹渴亦隨增　수소음용간갈역수증
故於一切生貪物品等　고어일체생탐물품등
當卽舍棄是爲佛子行　당즉사기시위불자행

　색상, 맛, 향내 등에 대한 애착은 채워짐이 없어 얻으면 얻을
수록 더 원하게 되는 것이, 마치 소금물을 마시면 마실수록 더
목이 마른 것과 같다. 따라서 우리는 탐심을 일으키는 물건들
을 멀리해야 한다.

탐심이 생기면 하나의 물질에 속박되어 자재함을 잃어버리게 되므로 해탈은 더더욱 어려운 것이 된다. 부처님께서 말씀하시길, 중생들의 탐심은 설령 하늘에서 황금으로 된 비가 내려도 절대로 만족할 줄 모른다고 하신 바 있다. 중생들은 황금비가 내리면 언제 황금비가 그칠지 두려워 '조금만 더, 조금만 더' 하며 탐심을 거둘 줄 모른다. 그래서 우리는 항상 스스로 외적인 대상에 애착하고 있지 않는가를 잘 관찰하여, 만일 무엇에 탐착하고 있다면 대치하는 법을 찾아야 한다. 탐심이 발견되면 바로 버려 집착하지 말아야 하고 평등한 자성에 안주해야 한다.

보살행자는 바깥의 모든 경계가 허망하고 무상하며, 인연이 모여 나타난 것일 뿐 원래는 공성空性이어서 집착할 만한 것이 못됨을 알고 멀리하여야 한다. 일체 바깥 경계는 풍부하고 모자람에 관계없이 평등한 성품이므로, 탐심을 버리고 욕심을 줄이고 만족할 줄 아는 수행에 힘쓴다면 해탈도에 가까워진다. 보살도에 있어서 소욕지족小欲知足함은 행하기 어려운 경계이나 이는 수행자의 보배가 된다. 자기의 마음 경계를 잘 관찰하여 탐착하는 물질이 있으면 곧 놓아버려 소욕지족의 실천에 소홀하지 않는 것이 불자행이다.

근본정에 들 때의 수행(승의보리심)

일체 현상은 자기 마음에서 생기고
마음의 체성은 희론을 여읜 것이므로
현상은 주관과 객관을 집착한 것으로 알아
분별심을 내지 않는 것이 불자행이라네.

此等一切顯現皆自心　차등일체현현개자심
心性從本遠離戲論邊　심성종본원리희론변
知已於彼執持標相等　지이어피집지표상등
決不作意是爲佛子行　결부작의시위불자행

우리가 대하는 모든 경계는 자신의 분별망상에서 생긴 것이
므로, 자심을 잘 관찰하면 자기의 심식이 본래 일체 '생生·멸滅
·단斷·상常'의 희론을 여읜 것임을 발견할 수 있다. 만일 집착

하는 마음과 집착의 대상이 유루법이어서 얻을 수 없는 것인 줄 안다면 마음 깊은 곳에서 분별을 끊어버려 집착하지 않는다. 일체 바깥 모습에 대해서 집착하는 분별망념이 조금도 없으면 곧 일체 제법 공성의 경계를 볼 수 있다. 이와 같이 수행할 때 최종적으로 대원만 경계와 합해지며, 이때의 공성이 곧 자신의 자성이다.

자기 본래의 실상은 모든 분별과 집착을 여의고 곧 허공과 같은 자성 중에 평등심으로 안주한다. 바깥으로 나타나는 경계는 비어 있는 것이고 환에 불과한 영상이며, 나타나되 자성이 없으며 공성이어서 집착할 필요가 없다. 능히 이같이 안주하면 곧 자기의 본래부터 안주하는 공성이며 희론을 여읜 것이다. 이 공성을 체득하고 대원만의 경지와 상응하게 수행하면 된다.

23

탐착 경계가 실답지 않음을 관찰함

만일 맘에 들고 애착하는 대상을 만나도
여름날의 무지개 같이
아름다우나 진실이 아닌 것으로 보고
탐착을 버리는 것이 불자행이라네.

倘若値遇適意可愛境　당약치우적의가애경
猶如夏季所現之彩虹　유여하계소현지채홍
雖現美麗見彼不眞實　수현미려견피부진실
舍棄貪戀是爲佛子行　사기탐련시위불자행

　우리는 좋아하는 사람, 편한 거주지, 좋은 옷, 편리한 생활용
품, 복덕 등 마음에 드는 것들을 만날 때 이것들이 여름날의 무
지개와 같은 줄 알아야 한다. 이것들은 비록 아름다운 색과 모
양을 갖췄다 하더라도 실로 있는 것이 아니고, 견고하지 않으

며 진실하지 않고 허환의 자성인 것이다. 이러한 외경外境은
마음이 만든 것이고, 마음의 자성은 본래 공성이며, 성립하지
못하는 것이므로 허환에 불과한 것이다. 이 같은 허환의 마음
에서 생긴 대상 경계는 진실함이 없어 애착할 것이 없으므로
일체의 탐애를 버리는 것이 불자행이다.

장애의 인연이 환상임을 관찰함

여러 고통이 꿈속에서 자식 잃음과 같은데
환의 경계를 실제인 줄 알아 고생하나니
장애의 인연을 만났을 때
미혹의 환영으로 보는 것이 불자행이라네.

各種痛苦夢中喪子同　각종통고몽중상자동
惑境執爲實有誠艱辛　혹경집위실유성간신
故而値遇不順因緣時　고이치우불순인연시
視爲迷亂是爲佛子行　시위미란시위불자행

　나에게 고통을 주고 화를 나게 만드는 것들은 꿈과 같고 환이어서 허망한 것임에도 불구하고, 사람들은 이것이 실재한다고 믿고 집착하여 매우 큰 고생을 겪는다. 이 같은 경계는 공성으로부터 나타난 환술 같은 것인데, 이 꿈 같고 환幻 같은 경계가 실제로 있다고 생각하고 그것에 집착하는 것이 윤회의 늪에 빠지게 하는 미혹이다. 이 역순 경계가 모두 실재하지 않고 무명의 업식으로 나타난 것임을 깨닫는 것이 불자행이다.

보시바라밀다

대각을 증득하기 위해 목숨도 바치는데
몸 외의 물품이 무슨 소용인가?
금생과 내생의 과보를 바라지 않고
보시를 행함이 불자행이라네.

為證菩提尚需舍身命　위증보리상수사신명
何況身外區區諸物品　하황신외구구제물품
故當不圖果報異熟等　고당부도과보이숙등
發放布施是為佛子行　발방보시시위불자행

무상보리를 증득하기 위해서는 목숨도 버릴 줄 알아야 한다.
석가세존께서도 4구게를 구하기 위해 목숨을 버리셨고, 과거
숙세에 보살도를 행하실 때에 당신의 재물을 아끼지 않으셨으

며, 몸 외의 어떤 물건도 인색함이 없이 보시하셨다.

"보시할 때에는 내생의 이숙과보조차 바라는 마음 없이 보시하는 것이 중요하다."라고 뽀또와 게쉐가 말씀하신 것처럼, 보시는 청정한 보시이어야 하고 진정한 보리심을 발하는 발원 속에서 무언가를 탐하고 구하는 마음이 없이 보시를 행하여야 한다. 청정한 보시는 집착이 없고 중생을 위한 보시이며 중생으로 하여금 해탈의 안락을 얻게 하기 위해 보시하는 것이다.

보시는 적은 것부터 시작해 보시하는 습관을 길러야 한다. 만일 조그만 것도 보시하지 못하면 탐욕심이 갈수록 커지고 복이 다하여 보시할 기회를 잃고 윤회의 나쁜 곳으로 떨어지게 된다.

보시의 종류에는 재시財施, 법시法施, 무외시無畏施가 있다. 재시는 중생의 안락을 위한 보시로서 산시散施라고도 한다. 법시는 중생에게 청정한 발심, 무상보리심, 대비심, 해탈의 신심을 생기게 해주기 위해 법을 말해 주는 것이다. 어떠한 바람도 없는 청정한 법시이어야 한다는 것이 중요하다. 무외시는 중생의 생존에 두려움이 없게 해주는 것인데, 방생이 이에 속한다.

보시는 진실하고 정성스런 발심을 기반으로 해야 한다. 삼륜三輪의 체가 공한 방식으로 중생의 이익을 위해 보시를 행하는 것이 불자행이다.

26

지계바라밀다

계율 없이는 자기의 해탈도 얻지 못하고
중생 제도는 더욱 비웃음을 받을 일이니
마땅히 세간 일을 추구함을 멈추고
계율을 수호함이 불자행이라네.

若無戒律自利尙不成　약무계율자리상불성
欲作他利誠乃失笑境　욕작타리성내실소경
故當了無世間希求心　고당료무세간희구심
護持戒律是爲佛子行　호지계율시위불자행

우리는 청정한 신심으로 계율을 수호하고 세간의 안락을 구
하지 않으며, 윤회의 고통에 대해 출리심을 내고, 번뇌와 집착
을 끊고 구경해탈의 과를 바라야 한다. 또한 악을 끊고 계행을
실천하기 위하여 용맹심을 내야 한다.

아띠샤 존자께서 말씀하시길 "계율은 중생을 이롭게 하고자 지키는 것이다."라고 하셨다. 계는 3가지 종류로 나뉘는데, 첫째는 악행을 막는 것이며 외적인 행을 다스리는 것이다. 둘째는 선법을 포섭하는 계로서, 일체 선한 행을 이치대로 받들어 행하는 것이다. 셋째로 요익유정饒益衆生계는 중생을 성불로 인도하기 위하여 위없는 보리심을 일으키고 문사수의 도리로서 구경해탈을 향해 나가는 행이며, 이것이 곧 계율의 자성이다.

계율을 지키는 것은 해탈을 얻기 위함이다. 먼저 출리심을 성취하고 위없는 불과를 구하기 위해 진정한 발심과 청정한 원력에 말미암아 계율을 호지해야 한다. 단지 삼악도를 벗어나 삼선도를 구하기 위한 발심으로 계율을 지키는 것은 청정하지 못한 것이다. 구경해탈을 구하는 사람은 견고한 출리심을 마음에 지니고 중생을 구제하기 위하여 자신의 계행을 청정하게 해야 하며, 이로써 무상보리에 나아가게 된다. 비구는 비구 253조 계율을 지니고, 사미는 사미의 36종 지분계율을 지킨다. 만일 자신에게 청정한 계율을 지킴이 없으면 모든 공덕이 늘어나기 어렵다. 진정한 이타심을 내어 계율을 지키는 근본으로 삼고, 자기의 심식에 있어서 미세한 계율도 어기지 말며, 마음 깊이 계율을 지키는 서원을 일으키는 것이 불자행이다.

인욕바라밀다

선한 과보를 얻기를 바라는 불자들은
자기를 해치는 자를 보배로 여기니
그들을 미워하는 마음 없이
인욕을 수행하는 것이 불자행이라네.

希求受用善果佛子衆   희구수용선과불자중
作惱害者皆與寶藏同   작뇌해자개여보장동
故於衆皆了無憎惡心   고어중개료무증악심
修行忍辱是爲佛子行   수행인욕시위불자행

　보살도를 수행하는 자에게 일체의 장애 인연은 영원한 보배
창고와 같으니, 인욕을 수행할 경계가 없으면 마음이 안정되
기가 어렵다. 따라서 우리는 우리에게 해를 끼치는 사람을 조
금도 미워하지 말아야 한다. 자신을 괴롭히는 경계를 잘 관찰

하면 이 모두가 선지식과 다름이 없다. 아띠샤 존자께서 『사도문도록師徒問道錄』에서 제자 중돈빠에게 말씀하시길 "악인을 만나면 인욕을 수행할 때이고, 상대가 자신을 죽이려 하면 자기가 숙세에 살생한 업의 과보가 나타난 줄 알고 받아들이게 되면 어떠한 모욕도 받아들일 수 있게 된다."라고 하셨다.

인욕의 자성에는 3가지가 있다. 첫 번째 종류의 인욕은 어떤 장애나 순조롭지 못한 일은 모두 자기가 과거세에 지은 악업의 과보인 줄 알고 당연히 자신의 인욕 수행을 위해서 받아들일 마음을 일으키는 것이다. 두 번째 종류의 인욕은 법에 결정적인 믿음을 내는 인욕인데, 이는 곧 인욕이 불법의 공성의 뜻에 합함을 현량現量으로 요달하고, 현전하는 모든 것이 불생불멸의 현현임을 통달하는 것이다. 세 번째 종류의 인욕은 어떠한 악한 경계라도 자기 앞에 나타나는 것을 마음으로 허락하는 것이다. 자기 앞에 인욕의 경계가 나타날 때 바로 자기의 마음을 관찰하고서 인욕 수행을 기쁘게 행하는 마음을 일으키는 것이다. 일체 수행의 공덕은 인욕으로 인하여 생기니, 인욕 수행이 없으면 번뇌가 매우 심해지기 때문이다.

수행자는 인욕의 자성이며, 인욕은 화내는 마음을 조복하므로 수행자의 마음을 대지와 같게 안정시켜 준다. 따라서 수행자는 항시 자기의 마음이 인욕에 안주하는지 관찰해야 하

고, 아만으로 화를 내서 인욕을 무너뜨리는 것을 경계해야 한
다. 한 번의 화냄은 지금까지 쌓은 선근을 손상시키나, 인욕을
수행하면 무한의 공덕을 쌓게 되어 해탈을 성취하게 된다. 마
음 깊이 인욕에 대한 정견을 세우고, 앞에서 설한 세 종류의 인
욕에 안주하여 모든 허물을 생기게 하는 진심瞋心을 내지 않고
인욕을 잘 수행하는 것이 불자행이다.

정진바라밀다

자기 해탈을 구하는 성문 연각도
머리에 불 끄듯이 정진을 하는데
일체 중생을 구하기 위해 정진하면 공덕이 생기나니
마땅히 부지런히 수행하는 것이 불자행이라네.

卽便專修自利聲緣衆　즉편전수자리성연중
亦見如救頭燃之勤勇　역견여구두연지근용
爲利有情進則功德生　위리유정진즉공덕생
故當勤作是爲佛子行　고당근작시위불자행

성문 연각일지라도 해탈이라는 자기의 이익을 위해서 머리에 붙은 불을 끄듯이 정진하는데, 삼계육도의 일체 부모중생을 성불시키고자 하는 광대한 원을 세운 대승수행자가 정진하지 않을 수는 없다. 정진만이 공덕을 생기게 하니 나약한 생각을 버리고 정진해야 한다.

정진은 선법에 환희하는 마음을 생기게 하고 신중한 마음을 내게 한다. 정진에는 세 종류가 있다. 첫째는 갑옷 정진이다. 윤회 중에 고통받는 중생을 구제하기 위해 갑옷을 입은 병사가 전쟁터에서 겁약함이 없는 것과 같이 용맹스런 힘이 견고하게 생기는 정진을 말한다. 둘째는 섭선법 정진이다. 이는 일체 선법이 중생을 이롭게 하는 인연이 됨을 보고서 기쁜 마음이 생겨 정진하는 것이다. 셋째는 요익유정 정진이다. 중생이 고통받는 것을 보고 구원할 생각이 나서 중생을 구제하는 일에 싫은 생각 없이 정진하는 것이다.

아띠샤 존자께서 말씀하시길 "정진은 모든 공덕을 생기게 하는 문이며, 정진의 자성은 게으름과 방일함을 끊는 것이다." 라고 하셨으니, 우리는 항상 자기 마음이 나태함에 빠졌는지 관찰해야 한다. 선법을 수행할 때는 자기의 몸과 마음이 게으름과 방일함에 빠지지 않도록 주의해야 한다. 만일 자기에게 정진이 없으면 선법을 성취할 수 없다.

정진을 하기 위해서는 일종의 마음의 힘이 필요한데, 그러면 어떻게 이 마음의 힘을 생기게 할 수 있는가? 『정법염주경正法念住經』에서 이르길 "윤회의 고통을 관찰하고 수명이 무상함을 관찰하여 두려움이 생길 때 자신에게 갑옷 정진의 신심이 생긴다."라고 하였다. 또한 아띠샤 존자께서 강조하시길 "정진이 없으면 일체 선법은 생기지 않으며, 게으름은 선법을 부수는 적이다."라고 하셨으니, 정진이 없으면 불법의 근본을 잃게 되므로 항상 조심하여 기억해야 한다.

만일 우리가 3가지 정진의 문을 써서 자기의 마음을 다스리지 않으면 일체의 법은 존재할 수가 없다. 정진으로 마음을 다스리지 못하면 게으름과 방일함으로 인해 일체의 공덕을 점점 잃어버리게 되기 때문이다. 정진이 없으면 어떤 법도 가피의 의의를 생기게 하지 못한다. 정진수행은 일체의 수행 중에 가장 수승한 문이니, 『정법염주경』에서 강조한 것처럼 "만일 정진이 없으면 어떤 법도 이룰 수 없다."는 것을 잊지 말아야 한다.

중생을 이롭게 하기 위한 서원을 마음에 깊이 세워 나태함과 방일함을 끊고 어떤 상황에도 불구하고 정진하면 반드시 선법 공덕이 생긴다. 선법을 발전시키기 위하여 정진의 원을 세우고, 3가지 정진의 문에 마음을 두고 자심에 만족함이 없이 정진의 문에 안주하여 정진의 힘을 일으키는 것이 진정한 불자행이다.

선정바라밀다

적정한 지止와 수승한 관觀의 힘을 의지하면
번뇌 경계를 능히 부숴낼 수 있으니
이것을 잘 알아 진실로 4무색정을 초월하고자
수행하는 것이 불자행이라네.

依仗具足寂止勝觀力　의장구족적지승관력
知彼堪能摧毀煩惱境　지피감능최훼번뇌경
於眞超越四種無色定　어진초월사종무색정
當作修行是爲佛子行　당작수행시위불자행

　이 게송은 선정 수행의 공력을 말하는 것이다. 마음을 한곳
에 모아 사마타 선정을 수행하면 승관勝觀인 위빠사나의 공력
이 생기고, 지관을 쌍으로 운행하여 번뇌의 현행을 타파하게
되니 선정을 수행하는 것은 이처럼 중요한 일이다. 4무색정은

공무변처[15], 식무변처[16], 무소유처[17], 비상비비상처[18]를 말한다. 만약 마음이 이 4선정에 안주하면 선정의 편집偏執에 떨어진다.

선정을 수습하는 공덕은 매우 큰 것이며, "선정을 수행하지 않으면 공덕이 늘지 않는다."고 『보만론』에서 강조하고 있다. 또한 아띠샤 존자가 말씀하시길 "선정 수행이 없으면 수승한 관행을 생기게 하지 못하고 번뇌를 파할 수 없다."고 하셨으니, 마음을 한곳에 모으는 선정 수행으로 유루 번뇌의 현행을 막아 그치게 하며, 다시 승관의 힘을 의지해 번뇌를 제거하고 해탈의 피안으로 향하게 된다. 이러한 선정의 힘이 없으면 번뇌가 일어나고 선법이 생길 수 없는 것이다.

---

15 공무변처空無邊處는 무량공처無量空處라고도 한다. 물질적 존재가 절무絶無한 공간의 무한성에 대한 삼매의 경지, 욕계와 색계의 일체의 물질적인 형태를 떠나고 일체의 작위가 없는 무변의 공을 관하는 장소, 또 거기에서의 선정을 말한다.

16 식무변처識無邊處는 물질에 대한 모든 욕망을 버리고, 식識이 무변하다는 이치를 깨달아 태어나는 곳을 말한다.

17 무소유처無所有處는 선정을 닦는 사람이 식識이 끝이 없음을 싫어하고 무소유의 해를 얻어, 그 수행한 힘으로 태어나는 곳을 말한다.

18 비상비비상처非想非非想處는 삼계三界의 여러 하늘 가운데 가장 높은 하늘로, 여기에 태어나는 사람은 번뇌를 떠났으므로 비상非想이라 하지만, 완전히 떠나지는 못했으므로 비비상非非想이라고도 말한다.

선정을 수행하고 공성과 반야를 쌍운雙運하여 임운자재任運自在하게 하면 일체의 공덕이 생긴다. 선정을 수행하여 일체 세간에 대한 집착을 여의고 고요함에 대한 탐애도 없애 4무색정을 초월하게 되는 것이다. 대원만을 수행하거나 공성을 닦음에, 선정이 없이 공을 이루기 어렵고 성취하기 어려움을 잘 알고 자기의 마음을 한곳에 모으면 번뇌의 장애를 받지 않고 마음이 진정으로 수승한 지혜에 안주하며 번뇌를 조복하는 힘을 얻게 된다.

선정은 고요한 장소를 가려 수행해야 하니, 고요한 장소가 아니면 선정의 힘이 약하다. 반야를 수행할 때 자신의 공성을 알지 못하여도 고요한 곳에서 선을 닦으면 분별습기가 점점 적어지고 지혜가 생기며 윤회의 근원을 끊는 데에 이른다. 그러나 마음이 밖으로 분산되어 달아나면 자기의 마음이 법에 안주하지 못하고 공덕도 모이지 않는다. 선정의 공력이 없이 승관의 위빠사나가 생기기 어려우므로 반야지혜를 얻기 어려운 것이다.

따라서 3가지 사마타를 수행하는 것이 중요한데, 그 첫째는 일체 선법을 구하는 마음을 일으키고 산란하게 분별하는 생각을 여의어 마음을 한곳에 모으는 선정 수행이다. 두 번째는 현량現量에 공덕이 생기게 하는 사마타이다. 수행 중에 자심에 안정된 적지寂止를 얻기 때문에 경안輕安이나 희열 등의 공덕이 자기 마음에 생기는데, 이것이 공덕이 현전하는 사마타이다. 세 번째는 요익유정 사마타로서, 곧 정진 수행하는 역량에 의해 현량으로 각종 신통변화가 생기는 것을 말한다. 이 신통의 힘으로 중생을 이익 되게 하여 중생을 법에 안주하게 하고 혹은 신심을 내어 구경해탈에 나아가게 할 수 있다.

이렇듯 대승수행자가 사마타를 수행하여 수승한 관행을 생기게 하며 지관이 쌍운하는 힘으로 번뇌를 조복하고 중생을 이익 되게 하는 역량을 얻는 것이 불자행이다.

반야바라밀다

반야지혜가 없이 오바라밀만으로는
원만보리를 성취하지 못하나니
마땅히 방편을 갖춘 삼륜 무분별의
지혜로 수행함이 불자행이라네.

若無般若餘五波羅蜜　약무반야여오바라밀
成就圓滿菩提非堪能　성취원만보리비감능
當具方便三輪不分別　당구방편삼륜불분별
修行智慧是爲佛子行　수행지혜시위불자행

　오바라밀을 닦는 행위만으로는 상相을 뛰어넘지 못하기 때문에 구경각을 성취하지 못한다. 반야지혜를 얻어 반드시 무분별, 무집착, 무희론의 지혜를 얻어야 방편과 지혜가 쌍운하여 일체 공덕이 원만해진다. 우리가 반야바라밀다를 수행하는 것은 승의제勝義諦의 범주이고, 승의제와 세속제가 모두 갖춰져야 무상대각을 이룰 수 있다. 방편문이 갖춰지고 반야지혜가 생겨 삼륜이 분별이 없는 경계 중에 반야를 닦는 것이 불자가 행할 바이다.

반야지혜는 사람의 눈과 같고, 그 방편은 세속제世俗諦이며, 반야지혜를 얻은 방편만이 진실한 해탈방편이 되는 것으로서, 삼종 지혜를 의지해 수행하면 진실한 해탈의 힘이 생긴다. 삼종 지혜는 문혜聞慧, 사혜思慧, 수혜修慧를 말하기도 하고 혹은 세속제를 증득하는 지혜, 승의제를 증득하는 지혜, 이익중생사업의 지혜 이 3가지 지혜를 말하기도 한다. 세속제를 증득하는 지혜는 내명(內明: 불교의 일반 교리), 인명(因明: 불교 논리학), 의명(醫明: 의학), 공교명(工巧明: 공업 공예에 대한 학문), 성명(聲明: 문법 음운에 관한 학문)에 정통하고 세상에 가르침을 펴는 지혜를 얻는 것이며, 승의제를 증득한 지혜는 법과 비법에 대해 잘 알고 제법의 공성을 통달하여 증오함으로써 지혜를 얻는 것이다. 일체 중생에 대해 어떠한 선업으로 조복함을 얻는지를 알며, 근기와 근기 아닌 것을 잘 구별해 아는 지혜가 중생을 이익 되게 하는 사업의 지혜이다. 지혜가 없으면 어떤 수행도 원만하기 어려우므로, 지혜바라밀다는 일체 수행 중에서 가장 구경의 수행이다.

우리는 평시 수행할 때 항시 자기의 마음에 삼륜청정의 지혜가 생기게 해서 반야공의 지혜로 선법을 행하고, 유루법을 벗어나 해탈의 순조로운 인연이 되어 구경의 성취를 얻게 해야 한다. 반야바라밀다의 명칭은 많지만 그 자성은 하나이다. '깊은 공의 지혜' 혹은 '대원만견大圓滿見'이라 함은 같은 뜻으로 현종과 밀종의 구별에 의해 설명방식이 다를 뿐이다. 증오證悟하는 결과는 오직 한 가지 공성의 지혜인 것이다.

대원만 수행에 대해 말하자면, 이것은 광명대원만교법光明大圓滿敎法을 수행하는 것으로서 본래 청정하며 일체 희론을 여의고 광대하고 적적한 무위법이며, 유와 무의 양변을 용납하지 않고 공간개념에 떨어지지 않으며, 따라서 진정한 공성에 합하고 구경에 증오하는 경계를 말한다. 이와 같은 공성지혜를 수행하지 않고서는 구경성불에 도달하기 어렵다. 만일 도리에 부합하는 공성지혜를 일으킴이 없으면 세속제에서 법과 비법의 구분을 잘 알지 못하게 되고, 승의勝義 중에 어떻게 수행할지 취사하지 못하며, 반야의 지혜를 얻지 못하면 해탈의 도에 들기 어렵다. 일체 희론을 여읜 공의 자성을 체득하고, 겸하여 방편수행을 버리지 않으면 일체의 수승한 이해를 생기게 하여 수행의 정화를 얻게 되는 것이다.

다만 반야지혜가 중요하지만, 오바라밀 또한 중요하며 가법게 볼 것이 아님을 알아야 한다. 오바라밀을 소홀히 해도 된다고 여기는 것은 편협한 집착으로 인한 오해에서 비롯된 것이다. 예를 들어 계율은 해탈의 길에서 두 발과 같아서 보리도의 기초이고 자량이 되는 것이며, 계율이 없이 해탈을 구하는 것은 불가능하다.

어떤 부류의 사람들은 생각하되, 우리가 승의제의 도리를 알았을 때 어떤 것도 걸릴 것 없고 집착할 것 없다고 말하나, 이에 대해서는 집착과 집착하지 않는 문제로 접근할 것이 못된다. 깊은 광명대원만교법을 수행하는 유가사에 대하여 연화생대사께서 설하시되 "우리의 견해는 하늘보다 높아야 하나, 우리의 행위는 밀가루보다 세밀해야 한다."라고 하셨다. 수행자가 깊은 견해를 깨달았을 때에는 행위에 대한 세밀한 취사선택을 잃지 말아야 하고, 자신의 행위를 취사선택할 경우 깊고 깊은 견해로 비춰봄을 잃지 말아야 함이 수행의 관건이다. 만일 자기 마음 가운데에 깨달음의 지혜도 없고 자기의 행위를 조금도 점검함이 없으면서 남을 그릇되게 하고 조그만 선법일지라도 경시한다면 큰 잘못이 된다.

방편과 지혜는 쌍운하고 반야지혜가 주가 되어 방편을 좌우보조로 삼으면 이것이 곧 그릇됨이 없는 옳은 도법이다. 불법을 설하는 사람은 붓다의 모범을 본받고 정견을 얻어서 경전과 논전 그리고 율장에 대해 바르게 이해해야 하고, 설법이 그릇되거나 전도되지 않아야 한다. 수행자의 견해가 바르고 높으면 반드시 그의 행위에 매우 세심하게 주의를 기울이게 되고, 견해가 바르지 못하면 행위가 전도되어 무애함을 핑계로 계율을 무시하고 행동하며 악업을 짓는다. 세간에서 불법을 수행할 경우에 "방편과 지혜"가 쌍운하고 "견해와 행위"도 쌍운해야 하니, 이것을 제외하고 성불하는 다른 길은 없음을 잘 알아야 한다.

자기의 허물을 관찰함

자신의 번뇌를 잘 관찰하지 않으면
수행자의 위의를 저버리거나 법답지 않게 행동하게 되나니
항시 자기의 번뇌를 잘 관찰하여
모두 끊어버리는 것이 불자행이라네.

倘於自身迷亂不觀察　당어자신미란불관찰
行者外相或成非法行　행자외상혹성비법행
故當時常觀察已迷亂　고당시상관찰이미란
悉皆斷除是爲佛子行　실개단제시위불자행

수행자는 항상 자신의 허물을 관찰하고 남의 결점을 흉보
지 않아야 한다. 만일 마음에 진실한 선행의 발심이 없고 겉모
습만 수행자처럼 꾸며 마음도 조복하지 못하고 법에 안주하지

도 못하면 속임수로 수행을 가장하는 잘못이 생긴다. 이와 같이 지내면 현생에 법의 이익을 얻지 못할 뿐만 아니라 내세에서 악도에 떨어지게 되므로, 수행자라면 모름지기 이런 허물을 짓지 않도록 항시 자신의 잘못된 행을 관찰해야 한다.

수행자는 항상 자신이 진실하게 사람들을 대하는지, 발심이 진실한지, 계율이 바른지 등을 관찰해야 하고 여법하지 않은 행은 하지 않아야 한다. 어떤 환경에 머무르든 위의가 바르고 성품이 온화하며 행위가 선묘하고 자애와 연민을 갖춘다면 사람들이 진정한 수행자로 대하고 신심을 내게 된다. 『섭일체진실의경攝一切眞實義經』에서 특히 이런 점을 강조하고 있는데, 우리는 늘 세상 사람이 자신의 행위에 사견을 내고 신심을 잃게 하는 일이 없도록 자신을 살펴야 한다. 이와 같이 하지 않으면 쉽게 악업을 지어 다른 사람에게 나쁜 영향을 미치고 교법을 파괴하며, 불법에 대해 사견을 낸 중생으로 하여금 악취에 떨어지게 하고 자신도 악도에 나게 되는 것이다. 따라서 세간 사람들의 불신을 면하기 위해 수행자는 늘 자신의 행동을 매우 자세하게 관찰해야 하고, 자신의 행위로 하여금 계율에 부합하여 세간 사람들에게 믿음이 가게끔 해야 한다.

우리가 자신의 허물을 관찰할 때 다른 사람의 과오는 보지도 말고 알지도 말 것이니, 자신의 과오는 맑은 거울에 비쳐보는 것처럼 분명히 보고 조그만 과실이라도 참회하고 닦아내야 한다. 어떤 이들은 남의 조그만 실수를 보고도 가는 곳마다 전하며, 자기의 잘못은 태산과 같아도 보지 못하고, 겉모습만 수행자같이 꾸미고 속여서 세상의 공경을 받으며 악도에 갈 원인을 만든다. 우리는 붓다의 교법이나 선지식의 교법에 해를 끼치지 않기 위하여 항상 자신의 심식을 관찰하고 남들이 불신하지 않게 하며, 자기의 과실을 제거하고 자신의 공덕이 점점 원만해지게 해야 한다. 이것이 바로 경전에서 설하신 "자기의 과실을 항상 관찰하는 사람은 공덕이 증장될 것이나, 다른 사람의 과실을 항상 살피는 사람은 자기의 과실만 쌓여간다."고 한 바이다.

선지식에 의하면 "자신이 능히 자기 마음을 관찰할 수 있다면 스승을 필요로 하지 않으며, 만일 자기가 자기의 마음을 조복한다면 도반이 필요하지 않다."라고 하신다. 중돈빠 존자께서는 "만일 능히 자신의 허물을 고백하고 씻어 깨끗이 하면 이 사람은 지혜 있는 자이다."라고 말씀하셨다. 우리는 내면의 마음 깊은 곳에서 위선적인 허물의 후환을 관찰하여 남의 과실을 보지 않고 항상 자기 허물을 살피는 진실한 수행자가 되도록 서원해야 하고, 외면상으로 매우 장중하게 꾸미면서 내면으로는 명리에 탐착하여 남들의 공양을 받기를 구하지 말아야 한다. 만일 명예와 이익 등을 위하여 바깥으로 보이기 위한 율의를 지닌다면 그는 법의 도적이며 불법을 무너뜨리는 원수가 되어 지옥으로 향하게 된다. 따라서 진실로 해탈도를 구하는 사람은 마음을 청정하게 하고 진실하게 계행을 가지며 남의 행을 보지 말고 자기를 돌아보고 개선해야 한다. 이와 같이 하면 점점 원만한 성취를 이루게 된다.

수행자가 되어 밀법을 배운다 하여 자신의 행위를 점검할 필요가 없다 하면서 걸림 없이 행하고 게으르고 방종하며 율의도 지키지 않는다면 불법을 해침은 물론 자기에게도 매우 위험한 일이 된다. 우리는 중생의 공경과 공양을 탐하지 말고, 안으로 자기의 허물을 반성하고 고치며, 항상 진정한 수행자가 되도록 힘써야 한다. 우리는 무엇이 여법함이 되는지, 어떻게 수행해야 법의 행인지 알아야 하고, 어떻게 불법을 취사선택하고 어떻게 바른 생각에 안주하며, 무상보리심은 어떻게 일으키는지 알기 위해 노력하며, 진실하게 법을 향하는 마음을 일으켜야 한다.

32

대승보살의 허물을 말하지 아니함

자기 번뇌습기로 인해
대승불자의 허물을 말한다면 결국 자기 손해이니
대승보살의 과실을
말하지 않는 것이 불자행이라네.

倘若由彼煩惱自在力　당약유피번뇌자재력
說他佛子過失亦損已　설타불자과실역손이
故於入大乘道士夫過　고어입대승도사부과
不作談論是爲佛子行　부작담론시위불자행

　자기의 사견으로 인해 번뇌가 현전하므로, 대승행자의 허물을 보는 것은 상대방을 해치고 자기의 보리도 수행에도 장애가 생기게 한다. 그러므로 분별심을 기반으로 남의 과실을 보는 일을 하지 않고, 자신의 몸과 마음을 잘 다스리면 이는 희유한 일이다.

경전의 말씀에 의하면 일체 중생을 감옥에 가두는 죄보다 보살을 비방하는 죄가 더 크며, 삼천대천세계 일체 중생의 재물을 다 빼앗은 죄보다 자기의 근본스승과 보살에 대하여 사견이나 나쁜 생각을 일으킨 죄가 더 크다고 한다. 그러므로 우리는 악한 생각을 잘 조복하고 바깥으로 남의 허물을 보는 것을 조심하여 자기의 선근 복덕을 손상시키지 말아야 한다.

우리들 범부가 외면상으로 남의 공덕이나 허물을 관찰하는 것은 쉬운 일이 아니어서 쉽게 잘못을 범하게 된다. 예를 들어 황달병에 걸린 환자의 눈에는 모든 것이 황색으로 보이기에 하얀색 소라 고동을 보고도 황색으로 보게 되듯이, 범부의 분별심으로 보살의 행위를 판단할 수는 없는 것이다. 보살이 중생계에 시현하여 방편을 써서 중생의 업연을 따르기도 하며, 비밀유가사가 자기의 발심 공덕과 불가사의한 신통변화의 힘으로 중생계에 여러 모습으로 시현하기도 하니, 범부의 마음으로 이를 함부로 관찰하면 잘못을 범하게 된다.

"수행자가 자신의 허물을 관찰하면 공덕이 생기고, 대승수행자의 결점을 말하면 본인의 법행法行이 손상되어 선근을 잃고 악도에 들어감을 알아야 한다."라고 적천보살, 아띠샤 존자 등 선지식들께서 여러 번 강조하셨다. 밀법을 수행하는 사람은 '청정한 상(淨相)'을 갖는 것이 중요하므로 항시 자기의 발심이 청정하고 관념이 정확한지를 살피고, 근본스승을 평가하지 말 것이며, 법우 간에 이간시키는 말을 하지 않아야 한다. 우리는 항상 청정함에 안주하여 오염되지 않도록 허물을 힘써 참회하고 자기의 마음을 잘 지켜 어느 누구의 허물도 말하지 말아야 한다.

수행자는 마음 깊은 곳에서 옳고 그름을 보고 말하는 습관을 철저히 끊어버리고 무언무설의 자성 중에 안주해야 한다. 남의 허물을 말하는 사람은 그릇된 사람이며 누구도 그를 좋아하지 아니하고 얕잡아 보게 된다. 그러므로 우리는 남의 옳고 그름을 따지기보다 자기 내면의 그름을 먼저 찾아내 부끄러이 여기고 참회해야 한다. 이것이 바른 행이다. 강양빠 강백께서 말씀하시되 "어느 때이고 근본스승의 허물을 살피고 알려 하지 말 것이니, 스승의 바깥으로 표현되는 행위는 일시적으로 중생의 과실을 대신 시현하여 조복시키는 과정일 뿐이며, 그분 내면의 증오한 공덕은 부처님과 다름이 없다. 그러므로 만약 스승님에 대해 분별심을 내고 조그만 시비라도 따져 말하면 아주 큰 악업을 짓는 것이다."라고 하셨다.

우리는 곁의 친구가 각각의 지방마다 이름난 큰스님들을 찾아다니며 자기 눈에 허물로 보이는 점을 수집하여 말하고 다니지 않는지를 경계해야 하는데, 그의 입으로 말하는 허물 모두가 그의 내면의 업이고 죄악으로 인한 것이기 때문이다. 아띠샤 존자께서 말씀하시되 "나에게 있어서는 모든 스승님들이 동등하며 공덕에 차이가 없다." 하시고, 금주 대사[19]에 대해서는 눈물을 흘리시며 말씀하시길 "다만 은덕으로는 그분이 나에게 제일 중대하신 분이시기 때문이다."라고 하셨다.

우리는 특히 자신의 분별심을 조심해야 한다. 남의 허물을 보고 시비하며 비방하고 다투는 것이 모두 강렬한 아집의 분별심 때문에 비롯되는 것으로서, 많은 허물이 이로 인하여 생기고 허다한 공덕이 이로 인하여 없어지게 된다. 우리는 우리가 대하는 어른과 이웃의 공덕을 잘 관찰하고, 자신이 소속되지 아니한 다른 종파, 사원, 스승, 법에 대해서도 힘을 다하여 공덕을 관찰하여 찾으며, 상대를 비방하고자 하는 스스로의 업의 습관을 조복하는 데 힘써야 하고, 최소한 상대의 허물을 보지 말고 평등심에 머물러야 한다. 특히 초심자는 가능한 한 한 분의 스승, 하나의 사원, 한 가지 수행법에 전심하여 신

---

19 금주金洲 대사: 아띠샤 존자의 스승인 11세기경 수마트라 출신 승려인 다르마끼르띠(法稱, Dharmakirti)를 말한다. 티벳어로는 썰링빠(Serlingpa)라고 불린다. 인도에 유학하여 유가사瑜伽師 미륵彌勒으로부터 『현관장엄론』과 『반야경』을 배우고 현교와 밀교에 통달하였다.

심을 바쳐야 마음이 굳건해지고 안정되며 진실한 이익을 얻는다. 수행자는 자심을 잘 조복하여 질투, 비방, 이간을 조장하는 말을 하여 대중의 화합을 깨고 법의 인연을 끊어지게 하는 일이 일어나지 않게 하고, 한마음으로 자신의 수행에 안주해야 한다.

33

벗과 시주에 대한 탐착을 여읨

이익을 얻기 위해 지인과 다투면
문사수의 공덕이 다 사라지나니
모든 권속(친지)과 시주에 대해
탐욕을 끊는 것이 불자행이라네.

爲得利養相互起紛諍 위득리양상호기분쟁
聞思修之功德退失盡 문사수지공덕퇴실진
故當於諸親友施主家 고당어제친우시주가
斷除貪心是爲佛子行 단제탐심시위불자행

자신의 주변에서 발생하는 일은 모두 인연으로 나타나는 것
이지만, 제자의 공경이나 시주의 공양 등에 대해 마음의 집착
으로 인한 탐욕의 습기가 일어나면 자신의 이익과 명성을 더
좋게 유지하기 위하여 화내거나 교만하여 시기하고 질투하는

일들이 쉽게 발생하게 되며, 이는 곧 아만의 작용에 의한 것이어서 자신의 수행 공덕이 모두 소멸하게 된다. 시주에 집착하지 않아도 인연 있는 제자는 자연스럽게 자기 주변으로 모여서 자신을 공경하게 되고, 자기와 인연 있는 시주도 자연스럽게 자기 주위로 모이게 되어 있으므로 억지로 할 것이 아니다. 마치 해가 뜨면 연꽃이 자연스럽게 피어나듯이 모든 것은 인연의 소치일 뿐이다.

연용사에서는 오는 제자를 막지 않고 가는 자를 붙들지 않는다. 스승의 입장에서 대자대비의 사랑으로 대해 주고 가르침을 내릴 뿐이다. 연용사의 제자에게 스승은 인연 있는 스승이고, 법은 우리 법맥이 전승하는 법이며, 제자들은 우리 전승법을 수행하면 되고, 동시에 다른 종파도 수희찬탄하며 이같이 자기의 입지를 세우면 된다.

만일 수행자가 시주에 대해 탐착이 생기면 이는 매우 두려운 일이니, 자기 마음에 청정하지 못한 업이 있기 때문이다. 혹 자신의 시주자가 다른 수행자를 공경하는 모습을 보면 자만심과 화내는 마음으로 상대를 공격하여 자신의 공덕을 잃게 되는 일이 있기도 하므로, 자신의 탐애를 매우 조심해야 한다. 시주나 제자는 모두 인연의 모임으로 이뤄진 것이므로 어떤 사람이나 평등하게 대하고, 경계에 대해 욕심을 적게 하여 만족할 줄 알면 번뇌가 적어지고 공덕이 늘게 된다.

　여기에서 이야기하는 내용은 주로 비구에게 해당되는 이야기이고, 신도에게 요구되는 이야기는 아니다. 출가인은 속세를 버리고 출가하여 소욕지족의 서원을 세우고 재물에 집착하지 않으며, 법을 수행하고 정진하며 바깥 경계를 탐하지 않는다.

　우리는 수행할 때 자기의 마음이 명예와 이익에 동요하지 않는가, 법에 안주하지 않는가를 조심스레 관찰해야 한다. 만일 자기의 마음이 바깥 경계에 팔려서 몇 년을 수행해도 수확이 없다면 허물이 크다. 명리를 구하여 사방으로 다니지 말고 안정된 수행환경이 갖춰진 곳에서 수행하며, 자기의 마음을 잘 관찰하여 바깥 경계의 무상하고 실답지 않은 것에 대한 망상을 버리고, 어떤 일이든 기를 쓰고 좇아 구하지 말아야 한다. 자신이 원력과 인연이 성숙하는 때가 오면 자연히 원하는 바대로 출현하여 이루어진다. 그러므로 일체를 돌아보지 말고 정법에 안주하여 아만과 분별을 버리고 명예와 탐착을 여의며 법을 수행한다면 능히 자기의 심식을 조복할 수 있다.

34

듣기 좋은 부드러운 언어로 말함

거친 말은 남의 마음을 상하게 하고
불자의 위의를 훼손하나니
남이 싫어하는 험악한 말은
모두 끊어버림이 불자행이라네.

卽便粗語惱害他人心　즉편조어뇌해타인심
亦能毁壞佛子所應行　역능훼괴불자소응행
故於他人不喜之粗語　고어타인불희지조어
悉皆斷除是爲佛子行　실개단제시위불자행

수행자는 미소 짓는 편한 얼굴과 자비스런 눈빛으로 사람들을 대하며, 부드럽고 조리 있는 언어로 또박또박 성의 있게 말해야 한다. 또한 사람들이 잘 받아들이고 듣기에 편한 부드러운 말을 하는 것이 좋다. 듣기 싫은 말, 근심스러우며 상처를 남기는 말 등은 상대방에게 번뇌가 생기게 하지만, 보살의 정직한 말, 부드러운 말, 남이 들어 기쁜 말은 상대방의 마음 밭에 남아 윤택하게 하여 그를 이롭게 한다.

사람을 호칭하는 경우는 예절바르게 상대를 존중하는 호칭을 써야 하며, 남의 약점을 칭찬하듯이 꾸며 말하면서 조롱하지 않아야 하고, 노기가 없는 편한 표정으로 말해야 한다. 꾸미는 말, 거친 말, 사악한 말을 쓰는 사람에게는 보리심이 생길 수 없다. 우리는 자신이 수행하는 법에 신심을 내어 아만을 조복하고 중생을 부모같이 대하여 진실한 말, 어진 말, 부드러운 말을 써서 자신의 마음을 잘 다스려 상대를 이해하고 그의 뜻에 수순하여 그를 기쁘게 하는 것이 좋다. 말은 적당히 해야 하며, 너무 말이 많아 상대가 듣기 거북해하거나 거의 말을 하지 않아 지나치게 엄숙한 표정을 짓는 것도 옳지 않다. 즉 아름답고 간결하며 명료한 언어를 사용하여 상대로 하여금 기뻐하며 이익을 얻음이 많게 하는 것이 불자행이다.

35

번뇌를 항복시키는 방편

무명의 습기는 다스리기 어려우니
정념과 정지를 보살의 대치방편으로 삼아
탐욕심 등 번뇌가 일어나면
바로 즉시 제거하는 것이 불자행이라네.

成無明習對治亦難轉　성무명습대치역난전
念知士夫當持對治器　념지사부당지대치기
貪等煩惱初念才生起　탐등번뇌초념재생기
當下鏟除是爲佛子行　당하산제시위불자행

　수행자는 처음 한 생각이 일어나면 바로 그것이 바깥 경계
에 대한 탐심과 분별인 줄을 알아차려야 한다. 그 생각에 속아
시간이 지나면 습기가 되고 탐, 진, 치의 번뇌를 일으켜 조복하

기 어렵게 된다. 우리는 자기 마음에 번뇌가 생기면 바로 알아차리고 바른 알아차림, 바른 생각으로 다스려야 한다. 바른 알아차림, 바른 생각을 잃어버리면 번뇌는 늘어나게 마련이다. 그러므로 항시 자기의 마음 상태를 살펴 탐욕으로 인해 바깥 경계에 집착하는 것을 발견하는 즉시 대치해야 한다. 어느 때나 바깥 대상에 대한 마음 작용을 관찰하고, 자기의 마음에 분별이 생기면 무슨 인연으로 집착이 생기는지, 집착의 자성은 어떠한지, 번뇌는 무엇을 말미암아 온 것이며 어떻게 제거해야 할지를 바로 파악해 알아야 하는 것이다.

바깥 경계에 대하여 선, 악, 옳음, 그름 등과 같은 집착이 생기면 그 자성을 관찰하고 대치하기 좋은 방법으로 다스려 번뇌를 제거한다. 중돈빠 존자께서 설하시되 "만일 번뇌를 대치하지 못하면 집착의 힘이 커지므로 번뇌가 생길 때 대치할 방편을 알고 자기의 심성에 따라 대치하는 것이 중요하다."라고 하셨다. 이렇듯 바른 알아차림과 바른 생각으로 신중하게 관찰하면 번뇌를 생기게 하는 자기의 마음 경계가 발견되어 번뇌를 일으키지 않을 수 있고, 번뇌가 생기더라도 잘 대치하여 처음 생겼을 때 없앨 수 있다. 그러므로 항시 마음을 살피고 번뇌가 생기는 이유를 관찰하여 대치하는 것이 불자행이다.

36

바른 알아차림, 바른 생각으로 중생을 이롭게 함

요약하건대 어떤 모습으로 무슨 일을 하든
항상 자기 마음을 어떻게 쓸 것인지 잘 생각하고
바른 알아차림과 바른 생각을 갖추어
남을 이롭게 판단하고 행동하는 것이 불자행이라네.

總之於何威儀作何行 총지어하위의작하행
自問已心此時是何等 자문이심차시시하등
時時具足正知與正念 시시구족정지여정념
成辦他利是爲佛子行 성판타리시위불자행

수행자는 모름지기 자기의 마음 경계를 잘 관찰하고 바른
알아차림, 바른 생각을 행하며 중생을 이롭게 하는 원을 실행
하는지 살펴 알아야 한다. 우리가 불법을 수행하여 해탈도를
구하고 중생의 이익을 위해 세속보리심을 발하여 바른 알아차

림, 바른 생각으로 행하면 치우치거나 잘못되지 않는다.

바른 알아차림은 일체 제법의 자성을 깨닫고 자신의 자성에 안주하는 것이다. 바른 생각은 법과 비법을 잘 분별하여 자기의 심식을 잘 조복하여 자성이 오염되지 않게 하는 것이다. 수행자는 바른 알아차림과 바른 생각으로 마음을 관찰하여 청정한 상태가 되고 번뇌가 생기지 않게 하며, 혹 마음이 바깥으로 분산되면 거둬들이고, 무언가에 집착하면 그것을 부수어 마음을 안정되게 해야 한다. 마음이 바깥으로 반연하면 그것이 이타심인지 집착인지 바른 알아차림과 바른 생각으로 판단하고, 만일 집착이면 청정한 상태로 되돌려 율의에 안주해야 한다.

수행의 선근을 회향함

이같이 정진하여 이룬 선업들을
많은 중생의 고통을 제거하기 위해
삼륜이 청정한 반야지혜에 의지하여
큰 깨달음에 회향하는 것이 불자행이라네.

如是精進所成善業衆　여시정진소성선업중
爲除無量衆生之苦痛　위제무량 중생지고통
仰仗三輪淸淨般若智　앙장삼륜청정반야지
回向菩提是爲佛子行　회향보리시위불자행

수행의 선근을 회향한다는 것은 우리가 행한 보살행과 발보
리심 등과 같은 선업을 모두 한곳에 모아 일체 육도의 부모중
생이 고해를 벗어나 해탈을 얻도록 삼륜이 공한 무아의 깊은
반야지혜를 깨달은 힘에 의지하여 나와 남을 이롭게 하는 사

업을 이루는 것을 말한다. 일체 중생으로 하여금 무상불과를 얻게 하기 위하여 자기가 지은 선업을 소비하지 않고 증장케 하여 구경보리의 성취에 회향함이 일체 제불보살이 짓는 바이다. 이런 행위는 일체 공덕을 갖추고, 공덕이 소실되지 않고 끊임없이 자라게 하는 희유한 수행법이다.

자신이 어떤 선법을 수행할 때 마음에 한 종류의 회향심이 없다면 선업은 모두 다 소멸해 버린다. 이 때문에 선업이 늘어나고 소멸하지 않으며 두루 원만하도록 하기 위해 진정한 회향심이 필요한 것이다. "한 방울의 물이 바다에 들어가면 바다가 마르기 전에는 그 한 방울 물도 마르지 않는다."고 『유마힐경』에서 설하고 있듯이, 작은 선근도 무상보리에 회향하면 보리에 이르기까지 늘어날 뿐 소멸되지 않는다. 그러기에 회향 공덕은 한량없이 큰 것이다.

회향할 때에는 삼륜의 체가 공한 지혜를 갖추고, 집착이 없고 바람도 없으며 자취를 남기지 않는 마음을 갖추는 것이 중요하다. 이는 무루의 선업이며 무상보리의 자량이 된다. 회향의 가장 중요한 부분은 마음 깊이에서 자기가 지은 선업을 탐하거나 집착하지 않고 일체 중생의 고통 인연을 없애는 데에 회향하는 것이다.

회향을 지을 때 연연해하지 않고 집착 없이 각성본래자성면

목을 잘 수용하면 이것은 대원만 회향에 해당한다. 하지만 이 것이 불가능하면 세속보리심 중 원願보리심을 발한 상순분相 順分을 내어 과거, 현재, 미래의 삼세제불이 지은 선업과 우리 의 선업을 한곳에 모아 일체 중생이 윤회의 고에서 벗어나고 자타가 보리의 불과를 얻는 인연을 위해 원만하게 회향한다. 이것이 곧 상순분 회향이다.

청정한 마음으로 현재 바로 지은 선업을 회향하는 것은 매우 중요하다. 그러지 못하면 분별의 생각과 섞여 선업이 약해지고 사라지게 된다. 그러므로 자신이 지은 선근이 퇴보하고 무너지며 소실되지 않도록 원만한 회향을 행하는 것이다. 회향은 자리와 이타에 모두 중요하고, 공덕이 무너지지 않게 회향하는 것이 필요하며, 이 같은 광대한 회향은 불자의 희유한 행이며 우리 법의 수행이다. 마음에서 선업을 탐하지 않고 일체 허공에 가득할 만큼 많은 중생에게 회향하는 것이 바로 불자행인 것이다.

4. 맺는 글

일체 경전, 속부, 논장의 뜻
그리고 일체 조사의 말씀을 좇아서
보살도를 배우는 이들을 위하여
불자행 37송을 지었습니다.

追隨一切經續論典義　추수일체경속론전의
以及一切正士之所雲　이급일체정사지소운
將諸佛子所行三十七　장제불자소행삼십칠
爲利學彼道者而著成　위리학피도자이저성

이 『불자행 37송』은 무착보살이 분별심으로 지은 것이 아니고, 경과 밀속[20] 그리고 선지식 분들이 수행하신 정화를 의지하여 한곳에 모아 무상보리를 구하여 보리도를 수행하는 자를 이롭게 하기 위하여 지은 것이다.

20　밀속密續: 밀교경전의 한 부류로서 탄트라(Tantras) 계통의 경전을 말한다. 복장(伏藏, 寶藏) 경전들도 역시 밀속에 해당된다.

지혜가 얕고 배운 바가 넓지 못하여
지혜로운 이들이 좋아할 시문을 짓지 못하였지만
경론과 선지식이 설하심에 의지하여 지은
불자행 37송은 그릇됨이 없다고 생각합니다.

智慧低劣所學寡少故　지혜저열소학과소고
未作智者所喜之詩文　미작지자소희지시문
然依經及聖士所說語　연의경급성사소설어
想此佛子行論無違亂　상차불자행론무위란

무착보살께서 말씀하시되, 나는 지혜가 적고 삼장三藏에 정
통하지 못해 아름답고 지혜로운 자가 좋아하는 문장으로 쓰지
는 못했지만, 경론과 대승보살의 언어를 근거로 썼기 때문에,
생각하건대 이 저작에는 어떤 잘못됨도 없으니 해탈도 수행의
법문으로 받들어 행해도 틀림없으리라고 하셨다. 이것은 겸손
의 말씀이기도 하며 반면에 자신감의 표현이기도 하다.

광대한 불자행은
나같이 지혜가 적은 사람이 헤아리기 어려우니
정법과 다르게 잘못 해석한 것이 있다면

일체 보살께서 용서해 주시길 빕니다.

然則佛子廣大諸法行 연즉불자광대제법행
乃是劣慧如我難測境 내시열혜여아난측경
若有相違未釋罪咎生 약유상위미석죄구생
祈請一切聖士住寬忍 기청일체성사주관인

무착보살께서 생각하시되, 자신이 쓰신 논송이 잘못된 건 아니지만 불보살의 광대한 행에 대해선 자신의 하열한 견해가 부처님의 깊고 수승한 견해와 구경해탈의 공덕에 못 미치므로, 서로 어긋나거나 정확하게 표현되지 못한 부분이 생긴 잘못은 선지식의 아량으로 용서해 주시기 바라신 것이다.

이로 인하여 생긴 선업으로
중생이 수승하고 묘한 진제와 속제를 의지해
공과 유의 양변에 머물지 않는
보호주 관음보살과 같아지기를 발원합니다.

由此所生善業令衆生 유차소생선업령중생
仰仗殊妙勝俗菩提心 앙장수묘승속보리심

願成不住有與寂邊者　원성부주유여적변자
與尊怙主觀音悉同等　여존호주관음실동등

　　무착보살께서 최후에 말씀하시되 "이 논송을 지어서 만일
조그만 공덕이 있다면 일체 중생의 성불 인연을 위하여 모든
공덕을 중생에게 회향하며, 일체 중생이 능히 구경의 불과를
성취하게 되기를 바란다. 그리하여 중생이 수승하고 오묘한
일체 제법의 진실을 보며, 대비의 힘으로 기초가 되는 세속보
리심과 제법이 실이 아님을 보게 되기를 원한다. 또한 무아지
혜와 공성삼매를 보는 승의보리심에 의지하여, 깊은 반야지혜
의 힘으로 윤회에 머무르지 않는 자성이자 대비의 힘 때문에
열반에도 머무르지 않는 분인 관세음보살과 같이 성취하길 원
한다. 곧 일체 중생이 세속과 승의보리심, 그리고 반야의 인연
으로 관세음보살과 같은 과위를 성취하기를 원한다."라고 하
셨다. 이것이 바로 구경원만한 회향이며 최후의 회향이다.

　　무착보살의 결어는 겸손의 표현이지, 『불자행 37송』에 정말
잘못된 곳이 있는 것이 아니다. 연용상사님께서도 이 37송 강
의를 마무리하시며 다음과 같이 말씀하셨다.

　　"제가 강의한 내용이 어떤 잘못이 있으면 사부대중 앞에 뉘

우치는 마음을 가지고 드러내어 참회하니 용서하기 바랍니다. 만약 강의로 인해 선업의 공덕이 조금이라도 생겼다면 일체 중생이 무상보리를 성취하고 깊은 반야지혜로 일체 번뇌업장을 소멸하며, 대비의 마음에 의지하는 인연으로 일체 중생이 해탈의 행복을 얻는 데 회향합니다. 일체 중생으로 하여금 여래의 과위를 성취하게 하기 위하여 문수사리보살과 관세음보살께서 회향하신 것과 같이 우리도 지금 이와 같이 원만하게 회향합니다."

이 37송은 자신과 남을 이롭게 하기 위하여
교리를 훌륭하게 강설하시는 샤카·톡매상뽀(무착대사)께서
수은보배 동굴에서 저술하셨다.

此乃爲利自他故　차내위리자타고
由宣說敎理之僧人無著(薩迦·妥美桑波大師)
유선설교리지승인무착
著筆於水銀寶洞之中也!　저필어수은보동지중야!

부 록

연용상사 린포체

1. 연용상사年龍上師 린포체 약전略傳

반마오서 타의 아오가라 지음

지엄 편역

상사 금강지께 공경히 예배 올립니다.

큰 가피 내리시는 스승님과 삼보 앞에 분별없는 청정한 마음으로 예배 올리오니, 큰 지혜의 스승인 복장대사 불모시여! 수행법의 요의를 간략히 요약하여 설해 주소서.

현대의 대원만 스승이고 복장대사이신 남카랑빠 린포체는 우진 진매랑빠 혹은 남저진매이펑춰[21]라고 호칭되시며, 연화생蓮花生 대사 의밀의 계통인 복장대사 우진 썬리랑빠[22]의 사업화

---

21   남카랑빠 린포체, 우진 진메랑빠, 남저진메이펑처(南哲普美彭措) 등이 모두 연용상사 린포체를 일컫는 명호이다.

22   아방阿旁 대사라고도 불리며, 심도육법深道六法 복장법을 발견하신

신이시고, 제3세 의칭남저 진매워사러삐뚀지의 공동화신이시다. 존자님은 무량겁 전에 보리심을 발하시고 보살행을 닦으시며 복덕과 지혜를 원만하게 성취하시고 정등각을 이루셨으며, 죄 많은 무량한 중생들을 제도하기 위하여 많은 겁에 걸친 중생과의 인연에 응하여 달이 물에 비치듯 계속하여 화신으로 나타나셨다.

연화생 대사 복장 기록에 의거하면, 우진 남카랑빠 린포체는 길상장엄과 본초의 보호주이신 고음왕불 시대의 대大 바라문 보특가라[23]이셨고, 시기불屍棄佛[24] 때는 마하보리 존자, 비바시불毘婆屍佛[25] 때는 다와나 존자, 가섭불伽葉佛[26] 때는 체우가미오 존자, 본사本師 석가모니불釋迦牟尼佛 회상에서는 천안제일天眼

분이다. 심도육법, 곧 대원만심도육법大圓滿深道六法은 연화생 대사께서 말법 중생의 이익을 위해 복장으로 전하신 수승하고 묘한 법문으로서 연용사 법맥의 정통 수행법을 말하는데, 그 첫 번째 단계가 전행前行이며, 연용사 법맥에서는 전행으로써 육가행六加行을 수행한다.

23   윤회하는 중생.

24   석가모니불에 앞선 과거 세상의 칠불七佛 가운데 두 번째 부처.

25   석가모니불에 앞선 과거 세상의 칠불 가운데 첫 번째 부처.

26   석가모니불에 앞선 과거 세상의 칠불 가운데 여섯 번째 부처.

누친 남카랑빠 존자가 조성한 연화생 대사 불상 (라싸
삼예사 소재)

탕동겔뽀 - 재해방지 진언 및 탕카

第一 아나율阿那律 존자로 환생하셨다. 뒤에 인도에서 대성취자이신 대흑행大黑行이 되시고, 우진찰토[27] 경내에 있어서 '주친라와빠'라고 존칭되셨으며, 연화생 대사 시기에 있어서는 대아사리 누친 남카랑빠이셨고, 거사얼왕[28] 시기에는 강국薑國 왕자 위라토지우가 되셨으며, 그 후에는 백여덟 명의 복장대사 중의 대성취자 탕동곌뽀가 되셨다. 그 후에도 계속해서 린증귀덩, 아리반친반마왕자, 더둬뚸찌에, 라가아싸, 뒤러나타, 더도러와져, 세빠뚸지에, 나쥐랑쥐, 러지뚸지에 등 모든 대보살 성자의 형상으로 화현하셨다. 때로는 순서에 따라 한 분씩 강생하기도 하고, 혹은 동시에 여러 화신으로 시현하며 널리 홍법이생弘法利生의 사업을 지으셨다.

우진 남카랑빠 상사 린포체는 제2 불타이신 연화생 대사이시며, 많은 깊은 복장 가운데 분명히 수기된 진실하신 대사이시다. 『기청송대비구祈請頌大悲鉤』 중에 수기하시되 "제불 본체인 반마가라의 의意 환화이시며, 대밀장大密藏을 지니신 이씨

27   우진찰토鄔金刹土는 남섬부주 서북쪽에 있는 정토로서, 연화생 대사
      (파드마 삼바바)의 상두바리 정토를 말한다.
28   거사얼왕(格薩爾王, 게세르 왕)은 티벳의 전설적인 영웅으로서 연화
      생 대사의 화신으로 여겨진다. 거사얼왕의 업적을 노래한 방대한 서
      사시인 『거사얼전』이 남아 있다.

취자 어語 환화이시며, 이차유가二次瑜珈 남카랑빠의 몸(身)의 화신이시다."라고 하셨다. 다시 말하면, 상사 린포체는 연화생 대사의 뜻(意)의 밀법화현이시고, 불모 이씨취자의 언어(口)의 밀법화현이시며, 대아사리 남카랑빠의 몸(身)의 밀법화현이시니 세 보살의 공동 화현이시다.

대지명大持明 다샹뙤제의 복장 수기에 설하시되 "승자 연화생 대사의 보처이며 중생의 호주護主이시고 커덩의 화신으로서 원숭이 년에 태어나시고 승수僧壽라 이름 하시니, 깊이 감춰진 허공의 보고문을 여시고 무릇 인연 맺는 자를 인도해서 덕산으로 이끄신다." 하셨다. 대복장사 반마가왕자의 수기 중에도 "남방에 남카랑빠 화신이 원숭이 해에 나시고 깊이 감춰진 복장을 거듭 빛내시며 인연 있는 중생을 덕산으로 인도하신다."라고 설하셨는데, 수기授記 중의 '수壽'자는 곧 상사 린포체의 이름인 '승수', '남랑南娘'자는 곧 대아사리[29] 남카랑빠를 가리키며, 원숭이 해는 티벳의 갑신년, 곧 서기 1944년 상사 린포체의 출생년도를 말하는 것이다. 또한 복장대사인 우진 썬리랑빠께서 수기 중에 설하시되 "연화생 대사 의밀의 화

---

29   아사리는 선지식을 의미함.

신이고 '가가(嘎嘎)'라 이름하며, 우리의 복장을 찾아 지키시고 널리 인도와 티벳과 중국의 중생을 이롭게 하는 사업을 펴신 다." 하셨는데, '가가'는 곧 '허공'의 음역이며, 티벳어의 '남카' 는 곧 상사 린포체의 이름이다.

이상의 수기에 의하여 서기 1944년 갑신년에 상사 린포체 께서 원력에 따라 간즈 써다현에서 태어나셨으니, 곧 밀주희 선당密咒喜漩塘이시다. 부친은 거종(褐種) 왕족의 후예로서 이 름은 뿌징난뭐이며, 깊은 신심으로 스승과 삼보를 공경하셨고 공덕을 많이 갖추신 유가사瑜伽士[30]이시다. 모친은 개사줘지이 신데, 본성이 어질고 착하며 심지가 고르고 안정되며 신심이 견고한데다가 정숙하고 단정하여 모든 여인의 허물을 멀리하 신 분이다.

상사 린포체께서 태어나실 때 고향의 산등성과 골짜기에서 갑자기 하얗고 붉은 색의 샘물이 솟았으며, 집에는 향기가 가 득하고 문밖에는 무지개가 둘러 뻗치며 아름다운 꽃이 활짝 피는 등 많은 길상한 서상이 따랐다. 또한 린포체께서는 과거 생에서 정지정견正知正見의 구경의 깨달음을 갖춘 연고로 분명 하게 문수보살 심주를 세 번 염송하시어 주위에 있는 사람들

---

30   출가하지 않고 재가에서 밀교의 행법을 수행하는 사람.

로 하여금 놀라게 하였으며, 상사 린포체께 대해 진실로 희유한 공경심이 생기게 했다.

　상사 린포체는 어려서부터 총명하고 영리하였으며 출리심, 대비심, 청정상 등을 지니고 태어나시어 크게 공덕을 갖추었다. 일곱 살 때 삼촌을 따라서 모든 경을 배우기 시작하였는데, 스승의 가르침을 받지 않고서 다만 지혜의 힘으로써 사유하여 경전을 통달하기를 물 흐르듯 하였으며 조금도 걸림이 없었다. 하루는 『대해탈경大解脫經』을 사경하여 마쳤는데, 글자가 아름답고 글씨가 정확하여 사람들로 하여금 놀라게 했다. 성명, 의방명, 공교명 등을 배움에 대부분 스승 없이 스스로 통달했으며, 어려서부터 성자의 불가사의한 해탈자재의 경계를 보이셨다.

　여덟 살 때 이칭비루밍취이씨뛰찌와 종사친저짱양추지로주 두 분의 대 선지식으로부터 공동으로 제3세의 이칭남카진매워싸러삐뛰지 린포체의 환생임이 인정되셨으며, 아울러 거마사(喀瑪寺)에서 승좌하였고 그 교법의 주인이 되셨다. 같은 해에 오십만 번의 가행을 닦은 후에 하나의 '즈찌보(孜濟寶)'로 형성된 연꽃과 가운데에 날카로운 검이 표시된 복장보배의 상자를 얻었다. 이로부터 상사 린포체는 복장법과의 깊은 인연을 나타내셨으며 그 뒤로 보배상자, 법의 그릇, 약물 등 많은 희귀한 복장품을 찾아내셨다.

상사 린포체는 이후 이칭비로, 대켄포 진매썽거, 런쩽카추 뚜찌, 켄포 진매대칭, 이칭권상미마, 이칭원저단삐자아창 등과 같은 대 선지식에 의지하여 『롱싸전행(龍薩前行)』, 『강의정법염주講義正法念住』, 『삼율의결택론三律儀抉擇論』, 『법계보장론法界寶藏論』 등과 같은 깊은 인도문引導文을 학습하였으며, 아울러 『덕도德都』, 『롱싸(龍薩)』 두 부의 관정을 완전하게 받아들였고, 이러한 법의 유형을 전승하고 익히셨다.

복장대사 런증니마께서는 자신의 모든 복장법을 상사 린포체에게 전수해 준 후 "상사 린포체는 수승한 법주이며 진실하고 실수 없는 복장대사"라고 찬탄하셨다. 이 밖에 이칭빤대추지니마, 또주런쩽찌아리뚜지, 씨징공행권상추지줘마, 위터화선가마쌍쫑, 동가야돈춰자, 화신친로왕슈, 쵸져러주왕뿨 등 많은 대덕들이 길상의 묘한 법과 신어의身語意에 의거한 모든 성물을 바쳤으며, 상사 린포체가 연화생 대사의 틀림없는 보처임을 여러 번 찬탄하시고, 아울러 상사 린포체께 금생의 큰 홍법사업을 수기하셨다. 대밀금강승심심복장법大密金剛乘甚深伏藏法의 관정과 전승, 비밀구(竅訣)가 상사 린포체의 심중에 충만하고 온蘊·계界·처處에 자동으로 현현해서 삼위를 둘러싼

탄청(壇城, 만달라)이 되었다. 또한 맥류 내에 적정분노천중寂
靜忿怒天衆이 깨알같이 많이 가득 차 나타났으며, 일체 논소의
중심 사상이 그 자신 마음의 진여바다 가운데에서 자연히 유
출하였다.[31]

　열일곱 살 때부터 시작해서 상사 린포체는 한 달에 두 번의
회공會供[32]을 그치지 아니하셨으며, 환경이 열악하여 한 끼 밥
도 먹기 어려울 때에도 이를 중단하지 아니하셨다. 아울러 수
많은 고요한 토굴과 성지에서 용맹 정진하셨으며 삼근본본존
심주三根本本尊心呪[33]를 십삼억 번 외우셨다.

31　복장伏藏에는 지地 복장과 심心 복장이 있다. 연화생 대사께서
　　　허공, 호수, 바위 등등에 복장하신 것을 '지 복장'이라 한다. '심 복
　　　장'은 복장대사의 마음에 복장하는 것으로, 인연에 따라 연화생 대사
　　　가 복장대사로 환생한 후, 인연이 성숙되었을 때 그 복장대사의 마음
　　　속에서 지혜로써 저절로 드러나 발굴되는 기도문을 말한다. 본문의
　　　이 구절은 심 복장을 일컫는 것이다.

32　밀교식 불공을 말한다. 인도말로는 뿌자이다. 티베트불교 여러 법맥 중
　　　회공기도를 가장 체계적으로 정비하여 주主 수행으로 하는 곳이 연
　　　용사 전승 법맥이며, 티벳력(음력과 비슷)으로 10일(상현)과 25일(하
　　　현)에 회공기도를 봉행한다.

33　밀교에서 삼근본三根本은 상사上師, 본존本尊, 호법護法이다.

60년대 초기 말법시대 중생의 공업으로 인한 인연 과보로 티벳과 중국의 각지에서 재난과 가뭄이 빈발하여 음식이 충분치 않았다. 이에 일체화신인 대덕 큰스님들 또한 중생의 업력에 수순하여 핍박받는 모습을 나타내셨으며 상사 린포체께서도 심한 생활고를 견뎌야 했다. 한번은 린포체께서 음력 스무닷새 일체공행회공一切空行會供의 길일에 현재의 의식 가운데[34] 친히 불모 이씨춰쟈(예쎄초겔)를[35] 친견하셨는데, 불모께서 그 때 린포체를 매우 자비스럽게 위안하여 말씀하시기를 "비록 보건대 네가 잠시 고통을 받으나, 찰나에도 내가 너를 여의지 않는다."라고 설하시고 충만한 감로의 우유로써 린포체의 기갈을 해갈해 주셨다. 이 인연으로 린포체의 몸 안에 큰 기쁨과 현공쌍운(显空雙運, 大乐空性雙運)의 증험이 일어나서 일체의 분별이 법계지혜의 본체 내에 자연히 녹아들었다.

 상사 린포체께서 감옥에 갇혔을 때에는 바다와 같은 삼근본 호법이 각기 깃발과 병기를 가지고 상사 린포체의 주위에 머무르며 친구와 같이 상사 린포체를 지켜주니, 옆방의 죄수들도 눈으로 친히 호법신들을 보았다. 상사 린포체가 대비심으

---

34 꿈이 아님, 곧 깨어있는 의식 상태를 말한다.

35 연화생 대사와 티송데짼의 전법제자이고 연화생 대사의 전법 조력자이신 분이다.

로써 갖가지의 신기한 법행을 시행하니 당시의 모든 죄수들이 각기 한 덩어리의 수유酥油를 얻었다. 상사 린포체는 또한 허공장주[36]로서 가피하여 백여 호 사람들로 하여금 일 년의 양식을 넉넉하게 얻게 해 주었고, '은화銀華'라고 불리는 승려는 린포체로부터 두 번의 수유를 얻어서 반 년 동안 음식이 충분하였다.

1965년 여름에 상사 린포체가 머무는 연용사年龍寺 일대의 가축들이 유행병인 천연두에 감염되어 많은 짐승들이 죽을 지경에 이르렀다. 상사 린포체가 이 일을 아신 후에 마음속으로 매우 슬퍼하여 시자 가라니마에게 말씀하시되 "이 많은 소와 양이 큰 고통을 당하는 것을 보니 나 또한 입에 종기가 나는 것 같구나."라고 하셨다. 그 다음날 과연 상사 린포체께서 발병을 하여 입에 고름이 가득 고였고 끊임없이 침과 맑은 피를 흘리셨다. 이에 시자가 크게 놀라 슬픔에 잠기자 상사 린포체께서 위안하며 말씀하시되 "나의 병은 상관할 바가 아니다. 이것은 오직 저 많은 소와 양의 업력을 청정케 하기 위한 것이다."라고 하셨다. 이어 시자에게 당부하여 대야에다가 입에서 나오는

---

36 허공장주虛空藏呪는 다음과 같다. "옴 나메 사와다타가다 빠야부소 무카베 사와다캉 어가때 사파라나 어맘 까까나캉사하."

핏덩어리를 넣고 가루와 섞은 후 매우 강력한 가피를 내리시고는, 그것을 목장으로 갖고 가서 소와 말에게 먹이게 하니 과연 천 마리, 만 마리의 소와 말이 죽을 위험에서 벗어나 건강을 회복하였다. 이와 같이 자신과 중생을 서로 바꾸는 진정한 헌신의 수많은 보살행이 상사 린포체의 전기 기록에 많이 남아 있다.

상사 린포체께서는 연용사에서 연화생 대사의 수기에 의거해 조금도 어김없이 복장을 수집해서 불법을 널리 펴는 순조로운 인연을 만들고, 법을 펴는 데 장애를 제거하셨으며, 일체의 현교와 밀교의 불법이 널리 퍼지게 하셨다. 이때 지존 상사 린포체께서는 서라양저 린포체에 의지해서 그의 일체의 깊은 복장의 관정과 교언을 받아들이셨다.

대원만 조사인 돈주법왕 쥬자이씨뙤지[37]의 수기에 따라 돈주법왕의 아들인 뙤라추지니마 린포체께서 친히 연용사로 와서 『돈주법왕전집敦珠法王全集』의 일체 관정과 교수의 전부를 상사 린포체께 전해 주었으며 널리 세상에 펼칠 것을 요청하셨

---

37   돈주법왕 2세로서 뒤좀 린포체라고 불린다.

다. 제10세 판첸라마[38]께서 간즈 지구를 시찰하실 때 써다현에서 상사 린포체와 대면하여 친절하게 담소를 나누었는데, 대사가 정중하게 "당신들은 마땅히 해탈과 성취의 법륜을 크게 전할 것이며 나는 당신에게 기대한다."라고 청하시며 아울러 세세생생 영원히 분리함이 없는 축언을 해주셨다. 전지전능한 뙤주투단썬리 린포체께서 고향에 돌아왔을 때에는 상사 린포체께서 그분을 의지해 『취쟈심심관정(措嘉甚深灌頂)』과 매우 진귀한 불공통(不共)의 비밀한 구결을 듣고 받으셨다.

특별히 오탁악세에 현교와 밀교 교법을 크게 일으키신 진매펑춰중니 린포체(오명불학원[39]을 세운 여의보 법왕)께서 아주 자비스럽게 존자에 대하여 이전의 모든 대덕들이 하신 바와 같은 수기를 주시고, 아울러 많은 과거세에 서로 법연을 맺었던 이야기를 해 주셨다. 그는 또 『길상시륜吉祥時輪』, 『길존심적吉

38 판첸라마는 티벳불교 최대 종파인 겔룩파의 전승조사로서, 겔룩파 법왕인 달라이 라마와 함께 계속 환생하며 불법을 전하고 있다. 현재는 제11세 판첸라마가 생존해 계시다.

39 여의보 법왕 직메푼촉(晉美彭措) 린포체가 1980년에 세운 오명불학원五明佛學院은 세계 최대의 불교강원으로서 연용사가 소재한 중국 사천성 써다현 인근에 위치하고 있다. 여의보 법왕 생존 시에는 최대 10만의 수행자들이 수학하였으며, 지금도 3만여 명의 수행자가 상주하여 정진하고 있다.

尊心滴』의 관정과 전승과 구결 등의 교언을 전해 주셨다. 법왕이 거실 안에 있는 법좌에서『연사출생복장왕蓮師出生伏藏王』등 몇 가지 중요한 관정을 한꺼번에 내려주시고, 신구의 삼밀에 의지하는 바와 의복 등 물품을 주셨으며, 상사 린포체가 복장대사임을 칭찬하시고 상사를 위해서『주세기도송住世祈請頌』을 지어주셨다.

이 밖에 샤카법왕 줘마줘장 및 상사 런증니마, 간보몽사이, 바이위까마차매활불, 써라양저활불, 복장대사 반마된뿌어, 캉장보장사, 단빠활불, 다전왕지아활불 등 모든 대사가 지존이신 상사 린포체를 위해서 주세기도와 축원과 사업에 대한 기도를 해 주시었고, 상사 린포체야말로 연화생 대사의 진실하고 틀림없는 계승인임을 칭찬하셨다.

상사 린포체께서는 매일 회공會供과 연공煙供, 화공火供, 보호중생護佑衆生, 수법염송修法念誦, 발원, 회향 등의 불사를 지었으며, 매번 제일 먼저『정세의괘淨洗儀軌』와『천전초도遷轉超度』를 행하셨다. 존자께서는 세간팔법世間八法[40]을 철저하게 버

---

40 세간의 애증이 되는 이익(利)·손해(衰)·명예(譽)·칭찬(稱)·비방(譏)·고苦·낙樂을 말한다.

리시고 실實 수행법의 깃발을 세우셨다. 매년 8개월 간 무문관 수행을 하며, 매일 네 번 정해진 시간에 참선 정진하고, 외출할 때는 새벽과 밤에 좌선을 하셨다. 다른 사람이 공양한 짐승은 모두 방생하셨으며, 가난한 사람, 거지, 심지어 개 등에게까지 널리 보시를 행해 진정으로 보살의 덕상을 구족하셨다.

상사 린포체께서는 성취가 원만하셨으니, 그 성취의 서상은 희유하고 불가사의하여 보기 드문 것이었다. 상사 린포체께서 출생한 곳에 린포체를 위해서 기념탑을 세울 때 존자께서 먼 지방에서 오셔서 탑을 점안했는데, 가피를 내리심에 그곳 사람들은 모두 쌀이 공중에서 떨어져 탑에 내리는 것을 보았다. 한번은 하현 회공일에 수승한 깨달음의 경계 중에 오색광명 무지개를 따라 불모 이씨줴자께서 친히 강림하셔서 『회공도가會供道歌』[41]를 노래하시며 가피를 내리신 후에 용녀인 우단준마 가 마니보를 바쳤다.

상사 린포체께서는 연화생 대사 수기에 따라 10월 중에 용에게 공양하는 의괘[42]를 지었으며, 동시에 거사얼왕의 상수대장인 『단적과 강적 전기목록(丹摘與薑摘傳記目錄)』 등의 복장

---

41   회공 의궤집에 있는 "회공원사. 삼근본서중지환가"를 말한다.

42   "용왕복장기도집"으로 전해지고 있다.

대초사 석가모니 불상 (부처님 생존 시 12세 때 모습의 불상)

을 발굴해 바쳤으며, 러공 지역의 위어 부락에 갔을 때에는 많은 사람들의 청에 응해서 대중을 위해서 『길상천모명근관정吉祥天母命根灌頂』을 전수하였다. 본존이 강림할 때에 이르러 길상천모吉祥天母가 실지로 탕카(탱화) 위에 강림했으며, 탕카가 펄럭이자 십여 명의 사람들이 공중에 떠서 동시에 날아갔다. 이에 그 현장에 있는 사람들이 모두 경건하게 합장하며 뜨거운 눈물을 흘렸으며, 강렬한 공경의 믿음을 일으키지 않을 수 없었다. 이에 따라 많은 절과 부락에서는 다투어 존자를 초청했으며, 존자께서는 그들을 위해 진심으로 축언 가피를 내리신 후에 사방으로 보리를 뿌려서 가피하셨다. 그때 강사인 대라요치가 이씨춰자 불모의 나무 조각상을 가져와 상사 린포체께 바쳤는데, 존자께서 점안 가피한 후에 불상이 갑자기 커졌다.

시충사(西瓊寺)에 마왕의 장애로 수재가 발생해서 뒷산의 진흙과 돌이 쏟아져 내려 절 건물이 위급하게 됐을 때에, 상사 린포체께서 바로 『복적웅사거사얼왕(伏敵雄獅格薩爾王)』 복장을 열어서 「부동불주不動佛咒」를 외우고 마왕을 항복받는 금강무의 춤을 추어 신속하게 수재를 그치게 하셨다. 칭하이성(青海省) 쿼러주(果洛州)에서 스님들에게 전법할 때에는 가피로써 찻잔 가운데 약을 저절로 끓게 하셨으며 불상이 떨리기도 했다. 이 밖에도 상사 린포체께서는 아무런 걸림 없이 벽을 통과

해서 방안에 출입하는 모습을 여러 번 보이셨으며, 다른 사람의 마음을 아는 등 많은 신통을 보이셨다. 깊고 넓은 자비 가운데 정법을 펴시고 마장을 항복시키시고 널리 중생 제도의 문을 여시며, 가지가지 방편과 위덕으로 자재하게 중생을 이롭게 하시고 중생을 발심케 하시며, 중생의 선근을 증상케 하여 인연 맺는 바에 따라 다 해탈을 얻게 하시니, 이와 같은 상사 린포체의 비밀한 사업은 이루 말할 수 없이 많다.

1992년 상사 린포체께서 제자들을 거느리고 라싸에 성지순례 가셨을 때 대초사(大昭寺, 뒤캉 사원, 조캉 사원)에서 관세음보살상에 도금을 하는 불사가 있었는데, 불상에 저절로 도금이 되었다. 수천 명의 신도와 더불어 라싸 뒤캉의 대초사 석존상 앞에서 회공을 행할 때에는 금강삼매의 힘으로 회공품이 늘어나게 하셨고, 길상한 삼예사 마두금강전에서 『마두금강수법馬頭金剛修法』을 결택하실 때에는 실제로 말울음 소리와 말발굽 소리 같은 서상이 출현했다.

삼예사 백탑을 중건할 때 귀신의 장난으로 완성하지 못하고 있었는데 존자를 통해서 가피를 내리게 하시매, 상사 린포체께서 불만佛慢의 위엄 상을 나타내시어 금강무를 추시자 자연히 『조복귀신調伏鬼神의 도가道歌』가 노래되어 순조롭게 백탑을 건립하게 되었고, 이 외에도 많은 불탑을 건립하셨다.

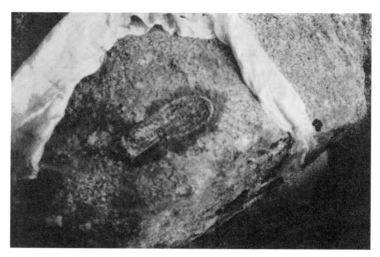
칭푸 카이창 궁전 바위에 남긴 상사 린포체 발자국

　　상사 린포체께서 삼예사 칭푸의 붉은 바위의 카이창 궁전에서 남기신 바위 발자국은 지금도 분명하게 볼 수 있고, 창주사昌珠寺에서 연화생 대사 불상과 타쉬룬포사 제10세 판첸라마의 법체를 참배할 때에는 실제로 법체가 흔들리고 두 눈을 떠서 움직였으며, 삼예사의 호법인 홍마찰을 향하여 하다를 올릴 때 그 호법신상이 환희하지 않음이 없었으며 그 희유함을 깊이 찬탄하는 마음을 내었다.

　　상사 린포체께서 법을 펴고 중생을 이롭게 하실 때에는 항시 삼근본의 보호와 가피, 위안을 얻었다. 승자 연화생 대사, 공행空行 이씨춰자, 지존 문수사리, 변지遍智 롱칭빠, 지명持明 직매링빠와 런증춰둥 등과 같은 스승들께서 모두 현실로 상사 린포체를 위해서 관정과 가피와 수기를 주셨다. 이 밖에 거사 얼왕과 모후 양중, 넨칭 탕구라, 용녀 강가줘마 등 깊은 복장의 모든 호법신들이 또한 실제로 출현하여 보호해 주셨다.

말세 중생의 번뇌가 치성하고 복과 덕이 궁핍한 것에 대하여 존자께서는 자비심으로 불쌍히 여기시어 특별히 우진공행 (鄔金空行) 재신財神을 만나 빈곤을 제거하는 감로묘법인『수욕출생隨欲出生의 마니摩尼』를 얻어 오셨다. 또한 존자께서 문수보살의 근본도량인 오대산을 참배하실 때에는 묘음불모妙音佛母께서 먼저 두견새의 모습으로 출현한 후 다시 한족의 여자로 변화하여 표상문자標相文字를 준 후에 붉은 빛으로 사라졌는데, 상사 린포체께서 그것에 의지해서 무명의 어리석음을 꿰뚫어 파하는『묘음불모수법妙音佛母修法』을 지으셨다. 홍암 삼예사 옥면치연玉面熾燃 궁전에서는 승자인 연화생 대사가 기뻐하시는 모습의 용안을 친견하였는데, 이때 연화생 대사께서 상사 린포체께 '우진진매 남카랑빠'라는 법호를 주시면서 복장법을 성취한 대사가 된다고 칭찬하셨다.[43] 이와 같은 법행은 다 말하고 생각하기 어려운 일이나, 다만 믿음을 갖춘 제자로 하여금 환희심을 내게 하기 위하여 간략히 설한다.

복장대사이신 상사 린포체께서는 경전을 보고 듣는 수행을 필요로 하지 않으시고 저절로 모든 부처님의 한량없는 비밀한 뜻과 마음의 핵심과 깨달음의 비밀한 뜻에 통달하셨다. 이후 삼예사에 있는 칭푸와 캉르튀가신산, 마심신산, 자가디종, 처수자무호, 주루신산, 위제신산, 시징배마펑종주, 푸서지콩행주, 자양종신산의 이씨춰자의 혼호 길상다문자지양종, 뛰이양부어 등 여러 복장 성지에서 많은 진귀한 복장(珍寶地伏藏)과 뜻의 복장(意伏藏) 및 청정한 상의 복장(淨相伏藏)을 발굴해 내셨다. 상사 린포체께서는 그 방편과 지혜가 쌍운하는 수승한 힘으로써 심심복장법甚深伏藏法을 열세 상자나 판독하여 편집하셨다. 이 복장법류은 아름답고 뜻이 깊으며 매우 큰 가피력으로 성취를 쉽게 하며, 오탁 말세에 일체 인연 있는 중생으로 하여금 윤회를 끊게 하는 날카로운 칼날이 되었으며, 구경불과를 이루는 위엄 있는 법보가 되었다. 진실로 연화생 대사와

---

43 연화생 대사 불상을 친견하자, 불상이 상사 린포체의 법호를 불러주었다고 한다.

많은 선지식들이 수기하신 바와 같다.

　여러 해 동안 상사 린포체께서는 과거세와 금생의 깊고 넓은 자비의 원력에 응하여 고생을 마다하지 않으시고 사방으로 다니시며 법을 펴시고 널리 법륜을 굴리시며 연화생 대사 감로법의 가피를 시방세계에 전파하셨는데, 그 자취가 눈 덮인 고원에까지 퍼졌다.

　존자께서는 티벳의 동서남북과 삼대성지[44], 후장 샤카사, 야롱 창주사, 길상 삼예사와 오대산, 안둬하 구역, 쿼러세 지방, 와나다뼤, 러공 지구, 아배, 즈가, 캉빠, 써다 등지로 가셔서 복장을 발굴하고 관정을 전하며 법회를 건립하고 선행을 권하는 등의 큰 교화사업을 행하셨다. 이르는 곳마다 중생으로 하여금 살생과 피 공양과 아편과 도박과 술 담배와 도적질과 투쟁 등과 같은 많은 악행을 금하게 하셨으며, 정법으로 향하는 마음을 내게 하고 계율과 예배와 송주와 방생 등의 선업에 안주하게 하셨다. 아울러 수만 명의 신도에게 권하여 사부대중 각자의 계율을 받게 하시고 모든 제자로 하여금 가르침을 받들

44　티벳불교 겔룩파의 삼대성지는 포탈라 궁전, 조캉 사원(大昭寺), 타쉬룬포 사원이다.

어 행하게 하며 바른 믿음으로 해탈도에 안주하게 하셨다. 또한 중생세계의 퇴락함을 물리쳐주기 위하여 각각 풍수 좋은 보배 땅에 크고 작은 천팔 개의 불탑을 건립하셨으며, 대지를 정화하시고 모든 성지에 많은 복장의 보병을 묻으셨다.

서기 2007년에 이르러 상사 린포체께서는 많은 활불과 켄포, 중국의 수많은 신도들에게 아방대사, 돈주법왕, 상사부모 자신의 복장법 관정과 교언을 내리셨으며, 더욱이 많은 제자들을 위해서『대원만심도육법大圓滿深道六法』등의 깊은 성불법을 전수하여 주셨다. 청해성과 사천성 등 캄빠 일대의 수백 개 절에서『관음수법백련화만觀音修法白蓮花鬘』및『도모度母』의 백일기도법회를 열었으며, 수행력으로써 승려와 제자들로 하여금 법통을 지키고 무루의 법행으로써 신심을 수양하며, 세간의 팔법을 철저히 버리고 부처님의 가르침에 견고한 불퇴전의 청정한 신심을 생기게 하며, 대원만의 수승한 공동의 시디를 신속히 얻게 하셨다.

일생 동안 상사 린포체께서는 자비로 세상을 구제하는 큰 교화를 행했으며, 대해와 같이 한량없고 생각하기 어려운 셀 수 없이 많은 불사를 행하시어, 많은 인연 있는 사람들이 상사 린포체의 공덕을 얻어 듣고서 법을 구하는 것에 의지해서 불심을 내고 일생 중 해탈의 좋은 인연을 얻었다. 비록 지금은 오탁의 악세에서 정법이 쇠퇴한 때이나, 상사 린포체께서는 소박하고 검소하며 부지런히 수행하는 모범으로써 정법의 깃발을 높이 세우고 자비와 지혜를 쌍으로 굴리시며, 대원만의 깊은 가르침으로 인연 있는 제자를 인도하시고 구경에 해탈을 얻게 하시어 말세 중생의 진실한 귀의처이며 영원한 보호주가 되시었다.

우진진매 남카랑빠 린포체께서는 2011년 11월 12일에 입적하시니 수많은 천사 공행녀들이 연용사 위 하늘을 장엄하였고, 평년 같으면 영하 7도 전후의 추운 시기임에도 불구하고 한 달 동안 봄날 같은 포근한 날씨가 계속되었다. 상사 린포체의 법신을 기름 두른 천으로 감듯이 싸서 법단에 모시고 21일 동안 사해 중생들에게 베푸신 큰 덕행에 감사드리고 중생들의 업장을 참회하는 기도를 올리니, 법신이 매일 홍화虹化하여 7센티미터씩 줄어 21일째는 불과 20센티미터의 홍광신虹光身[45]을 이루니 인근의 고승대덕이 모두 찬탄하였다. 천 명의 사부대중이 염불하는 장엄한 법음 가운데 정중하게 다비식을 올

---

45 밀교 수행을 통해 구경의 해탈을 증득한 대성취자가 열반을 하면 그 법신이 자연스레 작아져 마지막에는 손바닥 크기로 변하는데, 이를 홍광신(무지개 몸)이라고 한다. 구경 해탈의 증표로 여긴다.

상사 린포체의 홍광신 모습

리니 하늘에 서기가 뻗치고 새들이 모여 가릉빈가의 음성으로 범음을 연창하는 가운데 무수한 사리가 출현하였다.

우리는 진심으로 상사부모 린포체의 가피로 고해에서 벗어나 열반의 언덕에 이르고 보리를 증득하기를 발원합니다. 삼밀의 깊고 넓은 끝없는 가피 가운데 다만 지혜를 조금 얻어서 글을 짓고 또한 두서없이 서술함을 스승 앞에 참회하며, 이 선근을 사부대중이 재난을 멸하는 데에 회향합니다. 상사 린포체의 법이 영원히 세상에 머물러 바다 같은 세월을 지나며 해

상사 린포체 화장지의 부도탑 (연용사)

탈을 성숙시키는 묘한 법석을 여시어 일체 중생을 속히 대각
의 자리에 올려놓기를 발원합니다.

2. 연용 법륜사年龍法輪寺 소개

복장대사 우진 썬리랑빠는 복장 수기 중 연용사에 대해 "뙈징의 비밀한 땅은 삼층 반달의 법단이며, 구지 수의 공행모들이 모인 곳이고, 24승지의 장엄이 다 구족하며, 저 연화광주와 더불어 차별이 없다."라고 설하셨다. 뙈가지미양종공뻬 및 가체반즈다주매차왕줘져 두 분 대덕의 수기 중에도 이곳이 한량없는 삼근본 성자의 성지임을 찬탄하셨으며, 이에 아울러 연용대승법륜사年龍大乘法輪寺를 창건하셨다. 이 밖에 관세음보살의 화신이신 화져우진진매추지왕뻬 및 복장대사 돈종랑빠, 우진 썬리랑빠, 남저우사러뻬뙈지, 이칭건상니마, 지명니단뙈지, 뙈주런쩡지아리뙈지, 투단선리화상, 반때지니마, 켄포 진매썬거, 시징공행 권상추지줘마, 써라양저 린포체, 런정카수뙈지 등 많은 대덕들이 친히 이 성지에 오셔서 가피하시고 아울러 금강구로써 수기찬탄하신 바 있다.

특히 상사 린포체의 꿈에 보이기를, 광명 가운데 이 절의 호

법신인 단진위에줘마가 친히 정토에 인도하여 소개하니, 이곳
의 동방은 금강공행金剛空行의 정토가 되고, 남방은 진보공행珍
宝空行의 정토가 되며, 서방은 연화공행蓮華空行의 정토가 되고,
북방은 사업공행事業空行의 정토가 되며, 중앙은 밀엄 우진더
마타라(鄔金德瑪塔拉) 정토가 된다고 소개했으며, 아울러 오부
정토의 사정을 낱낱이 설명해 주었다.

그 후에 또 소개하되 우측의 산은 문수성지가 되고, 좌측의
산은 금강수의 성지가 되고, 중앙은 관세음보살의 성지가 된
다고 말하시며, 그 정토와 장엄에 대해서 나누어 소개한 후에
수기하여 말씀하시되 "만약에 능히 이곳을 우측으로 한 번 도
는 사람은 칠억 번 연화생 대사 심주[46]를 외운 공덕과 같으며,

46　연화생 대사 심주는 다음과 같다. "옴아훔 반저거러반마서더훔."

연용사 토굴 및 법당

또 만약에 이곳에서 여법하게 수행하면 수행이 진실해져 빨리
자성의 본래면목을 보며, 만약에 이곳에 경전을 보시하고 깃
발을 세우면 모든 죄의 무더기를 면하고 원하는 모든 것을 성
취하며, 회공륜을 닦으면 서언의 부족함을 채우고 복과 지혜
와 수증의 경계를 더하며 내세에 반드시 공행정토에 왕생한
다. 이곳에서 왕과 신하 열세 분과 오부공행의 화신 이십오 분
이 차례에 따라 출생하신 것이 목록 가운데 나타난다."라고 하
셨다.

 이 밖에 우진 썬리랑빠 수기 중에는 "호주 연화생 대사의 환
과 같은 춤으로 아배와 다라라는 방편지혜의 이름이 생겨나
니, 수승한 원력에 의한 업의 인연으로 서로 만나서 현시대와
옛날의 복장을 시방에 펴며, 무릇 인연 맺는 자가 모두 덕산의
정토에 왕생하게 한다."라고 이르셨다. 이 수기에 의하면 연화

생 대사의 계승자이며 복장대사이신 남저진매펑취 린포체께서 이곳에 주석하여 많은 인연을 갖춘 제자들을 위하여 깊은 대원만의 법륜을 크게 굴리신다.

이러한 수기처럼 상사 린포체께서 오랫동안 세상에 머물러 바다와 같은 겁을 지나도록 끊임없이 해탈을 성숙시키는 법륜을 크게 굴리어 주시기를 진심으로 기도드립니다.

길상원만吉祥圓滿!

불자가 행해야 할 37가지 가르침

초판 1쇄 인쇄 2017년 9월 5일 | 초판 1쇄 발행 2017년 9월 12일
지은이 무착대사 | 강설 연용상사 | 편역 지엄스님 | 펴낸이 김시열
펴낸곳 도서출판 운주사

(02832) 서울시 성북구 동소문로 67-1 성심빌딩 3층
전화 (02) 926-8361 | 팩스 0505-115-8361
ISBN 978-89-5746-494-6 03220 **14,000원**
http://cafe.daum.net/unjubooks 〈다음카페: 도서출판 운주사〉